国家出版基金项目

"十四五"国家重点图书出版规划项目
国家出版基金资助项目

乡村振兴与乡村人才建设

赵鸭桥 王 静
陈 蕊 起建凌 ◇ 著
曾 艳

中国乡村振兴
前沿问题研究
丛书

丛书主编 ◇ 李小云
执行主编 ◇ 左 停

湖南人民出版社·长沙

本作品中文简体版权由湖南人民出版社所有。
未经许可，不得翻印。

图书在版编目（CIP）数据

乡村振兴与乡村人才建设 / 赵鸭桥等著. --长沙：湖南人民出版社，2023.10

（中国乡村振兴前沿问题研究丛书 / 李小云主编）

ISBN 978-7-5561-2883-9

Ⅰ. ①乡… Ⅱ. ①赵… Ⅲ. ①农村—社会主义建设—人才培养—研究—中国 Ⅳ. ①F320.3

中国国家版本馆CIP数据核字（2023）第161684号

XIANGCUN ZHENXING YU XIANGCUN RENCAI JIANSHE
乡村振兴与乡村人才建设

丛书主编	李小云
执行主编	左 停
本册著者	赵鸭桥 王 静 陈 蕊 起建凌 曾 艳
策划编辑	黎红霞 欧阳臻莹
责任编辑	黎红霞 夏文欢
装帧设计	许婷怡
责任校对	黄梦帆

出版发行	湖南人民出版社 [http://www.hnppp.com]
地　　址	长沙市营盘东路3号
电　　话	0731-82683346
邮　　编	410005

印　　刷	长沙鸿发印务实业有限公司
版　　次	2023年10月第1版
印　　次	2023年10月第1次印刷
开　　本	710 mm×1000 mm　1/16
印　　张	13
字　　数	210千字
书　　号	ISBN 978-7-5561-2883-9
定　　价	70.00元

营销电话：0731-82221529（如发现印装质量问题请与出版社调换）

总序

在中国式现代化进程中
全面推进乡村振兴理论与实践创新研究

党的十九大明确提出实施乡村振兴战略，并将其作为构建社会主义市场经济体系的六大方面之一。2018年，《中共中央 国务院关于实施乡村振兴战略的意见》明确了实施乡村振兴战略的指导思想、目标任务和基本原则，进一步明确了乡村振兴战略实施路线图。乡村振兴战略是中国乡村发展实践总结出来的新思想、新模式、新路径，是党的农业农村工作的总抓手，是针对我国农业、农村、农民的特点提出的具有中国特色的乡村发展道路。

习近平总书记强调："从中华民族伟大复兴战略全局看，民族要复兴，乡村必振兴。"我们已经实现从解决温饱、摆脱贫困到全面小康的历史性跨越，但城乡发展不平衡、农村发展不充分仍然是社会主要矛盾的突出体现。农业农村这个短板能不能补上，是现代化进程中必须处理好的重大问题，关系到社会主义现代化建设的成效，也关系到共同富裕的成效，迫切需要坚持农业现代化与农村现代化一体设计、一并推进，走中国特色乡村振兴道路。

全面推进乡村振兴是新发展阶段乡村发展工作重心的历史性转移。乡村振兴是全域、全员、全方位的振兴，涉及乡村产业、人才、文化、生态、组织振兴诸多方面，对象更广、范围更宽、要求更高、难度更大，是一项中长期的任务，最终目标是全面实现农业农村现代化，实现农业强、农民富、农村美，"全面实施乡村振兴战略的深度、广度、难度都不亚于脱贫攻坚"，需要系统谋划、有序推进。

全面推进乡村振兴也是构建新发展格局的需要。随着经济社会的发展，农业多种功能、乡村多元价值越来越得以彰显，全面推进乡村振兴也是挖掘农村内需潜力、畅通城乡大循环、构建新发展格局的重要举措。扩大内需，培育完整内需体系，农村有着广阔的增量空间。农民收入水平提升、农村社会事业发展，会释放出巨量的投资和消费需求。加快拓展和畅通国内大循环，就需要充分挖掘农村内需潜力，推动乡村振兴和城市更新"双轮驱动"，进一步增强产业链供应链韧性。

全面推进乡村振兴还是应变局、开新局的关键之举。习近平总书记强调："从世界百年未有之大变局看，稳住农业基本盘、守好'三农'基础是应变局、开新局的'压舱石'。"改革开放以来，我们创造出的经济快速发展、社会长期稳定这"两个奇迹"，一个很重要的因素就是保持"三农"的稳定发展。2020年以来，应对新冠疫情和部分地区严重自然灾害冲击，我国粮食和重要农副产品供给充裕，农村社会保持和谐安定，对保持经济社会稳定发展功不可没。当前，外部形势复杂变化，不稳定性不确定性日益增加，需要通过乡村振兴实现农业农村稳定发展，赢得应对风险挑战的战略主动和回旋余地。

全面推进乡村振兴更是中国式现代化进程的一个部分，面临很多理论、政策和实践问题。当前的乡村振兴战略，一方面是全球现代化特别是新中国以来国家农业农村现代化战略和实践的一个部分，另一方面又有鲜明的时代特征，面临其他国家、其他时期所没有的问题和挑战。乡村振兴战略需要随着实践的深化而加大研究总结力度。比如，不同类型地区的乡村振兴类型是否有差别；在城镇化大背景下，农村的人口尤其是年轻人还在继续减少，乡村振兴如何实现；在推进乡村振兴产业发展过程中，如何兼顾产业发展的规模集聚效益；如何推进乡村治理体系的创新，有效地保证乡村振兴战略的实施；如何在保证国家生态安全和粮食安全前提下，通过乡村振兴实现农民生活富裕的目标；等等。这些来自实践中的诸多疑问要求我们更加科学、准确地回答关于乡村振兴的实质或内涵到底是什么，需要在更深的层次从多维视角对我国乡村振兴研究的现状、热点和前沿进行更深入的思考和研究。

为此，三年前，湖南人民出版社和中国农业大学国家乡村振兴研究院商量，计划联合学术同仁对当前全面推进乡村振兴所面临的一些迫切需要思考的理论实践问题开展研究，并撰写出版这套《中国乡村振兴前沿问题研究丛书》，以期为更深入开展乡村振兴研究提供重要参考和建议。经过几个方面的努力，现在这套丛书终于付梓。

《中国乡村振兴前沿问题研究丛书》坚持问题导向、国际视野和前沿性，强化实地调查、案例研究和统计分析，在中外乡村发展理论大视野下，力求对当前的乡村振兴理论进行深刻理解和阐释，致力于回应乡村振兴战略和政策实践的现实需要。《中国乡村振兴前沿问题研究丛书》也对代表性的乡村振兴案例进行生动呈现。丛书共七卷，主要的内容包括国家现代化进程与乡村振兴战略、巩固拓展脱贫攻坚成果与乡村振兴有效衔接、乡村产业振兴与乡村功能拓展、乡村振兴与乡村人才建设、乡村振兴与民生保障、乡村组织振兴与新时代乡村治理、乡村振兴与城乡融合发展。丛书各卷编撰都由相关领域的一线专家担纲，这些专家对相关问题有充分的研究积累。

我们需要从全球现代化进程和中国农业农村发展的大历史的视角理解中国乡村振兴战略提出的必然性，理解中国乡村振兴的本质属性，并在此基础上构思解决中国农业、农村、农民发展各类问题的路径框架。《国家现代化进程与乡村振兴战略》系统地分析和阐释乡村振兴战略提出与形成的国际国内背景、基本内涵、重要内容、实施体系和重大意义；针对农村改革与发展中迫切需要解决的问题，诸如农村土地流转、农村组织与制度、农产品生产与流通、乡村建设与发展、城镇化、农村金融、贫困与脱贫攻坚、农村社会、农村法治、乡村治理等进行论述，聚焦"三农"领域的新做法、新经验；总结评估乡村振兴战略从顶层设计到基层落实的实践现状、主要做法、经验和模式。

脱贫攻坚和乡村振兴既是局部和全局的关系，也是不同发展阶段的关系。脱贫攻坚为乡村振兴提供了现实基础；乡村振兴也能为减贫创造长期的有利的政策氛围，为减贫发挥经济上的牵引作用，可以提升社会托底的水平，为减贫建立新的标杆，也为长期的反贫困提供新的治理和发展的资源和力量。巩固拓展脱贫攻坚成果与乡村振兴相衔接既是当下的问题，也是一个长期问题，涉及实现包容性、益贫性的社会经济发展模式和公共政策体系。《巩固拓展脱贫攻坚成果与乡村振兴有效衔接》就做好脱贫攻坚与乡村振兴有效衔接需要把握和厘清的二者的深刻内涵和内在逻辑关系，两大战略协同推进、平稳过渡的政策着力点、关键路径、机制构建以及实施重点、难点等做了分析阐释，对脱贫攻坚已形成的经验和项目如何主流化、常态化、机制化嵌入到乡村振兴战略进行了展望和讨论。

乡村振兴战略不仅应重视传统农业的发展，还应拓展乡村产业发展的新的方向，也就是对乡村新的产业功能的拓展。《乡村产业振兴与乡村功能拓展》从夯实农业生产能力基础、加快农业转型升级、提高粮食等农产品质量安全、建立现代农业经营体系、强化农业科技支撑、完善农业支持保护制度、推动农村产业深度融合、完善紧密型利益联结机制、激发农村创新创业活力等方面进行了阐释；同时，本卷还着眼于未来乡村产业发展，探讨了深化改革、拓展农村的新功能，通过构建新的乡村产业体系和新农业，为实现"农业强""农民富"创造前提。

乡村振兴离不开乡村人才振兴，乡村振兴需要一批新农人。《乡村振兴与乡村人才建设》从城乡融合的视角，对乡村人才队伍建设，特别是农业经营管理人才（农业职业经理人）、新型职业农民、农业科技人才、农村电商人才、乡村人才挖掘、乡村教育体系、乡村人才培养机制等方面作了详细阐释，就如何创新人才培育、引进、使用、激励体制进行分析和论证，旨在为激励各类人才在农村广阔天地大施所能、大展才华、大显身手，打造一支懂农业、爱农村、爱农民的强大的乡村振兴人才队伍提供具体指导。

乡村振兴战略的出发点和立足点都是人的发展、人民福祉的改善，特别是生活在乡村中的农民。农民的生活富裕是乡村振兴的最重要目标，也是中国现代化的特色和本色。《乡村振兴与民生保障》从政治、社会和经济维度对乡村振兴民生保障的目标、重点、意义和基本框架进行了系统性的阐释。乡村振兴应该为农民提供生态宜居的家园，提供基本的民生保障。乡村是一个人类生态系统，乡村振兴的过程应该包括人类生态系统的优化、功能化。乡村系统不仅能够传承乡村传统文化，更重要的要为乡村文化文明的新发展提供沃土。要把乡村文化和乡村生态系统融合起来，打造乡村居民生态宜居的家园。要加强改善乡村福利、加强乡村社会服务体系建设，发展乡村养老等服务功能。

组织振兴是乡村振兴的核心，《乡村组织振兴与新时代乡村治理》紧紧抓住组织振兴这一乡村振兴的"牛鼻子"，从组织振兴的意义、乡村治理的历史演变与时代要求以及如何构建新时代乡村治理体系等方面进行深入阐述，剖析了构建新时代乡村治理体系所面临的难题和困境，提供了打造服务型政府、建设村民自治组织、推进乡村法治建设、提升乡村德治水平、壮大乡村集体经济组织等措施和方法，为实现乡村各类组织的全面振兴提出相应的政策路径。组织振兴还要积极考虑数字治理技术在乡村的推进应用，打破数字鸿沟、实现数字超车，提升乡村组织治理能力和水平。

乡村振兴需要在城乡融合发展的大格局下予以推进。作为面向2050年国家现代化进程一部分的乡村振兴战略，也需要嵌入到国家社会经济发展的宏大框架中，与城镇化等"四化"统筹的战略相配合。城乡融合是推进乡村振兴战略的重要路径之一，只有通过城乡融合，才能实现资源在城乡之间的优化配置。城乡基本公共服务均等化是推进城乡融合的目标和主要指标，基本服务均等化也是提升乡村能力、改善乡村居民福利的重要方面，也是乡村产业发展的平台。《乡村振兴与城乡融合发展》力图从理论上建构新型工农城乡关系的框架，从实践层面回应城乡融合的政策和措施手段。

丛书尽可能针对乡村振兴需要思考的理论与实践问题进行系统的梳理和研究，提出了很多有建设性的意见和建议，为我国乡村振兴的学术研究提供了前沿观点与资料储备，也提出了需要学界和业界进一步探索的问题。我们希望丛书的出版有利于乡村振兴研究和实践工作的开展。

习近平总书记强调，全面建设社会主义现代化国家，既要有城市现代化，也要有农业农村现代化。要在推动乡村全面振兴上下更大功夫，推动乡村经济、乡村法治、乡村文化、乡村治理、乡村生态、乡村党建全面强起来，让乡亲们的生活芝麻开花节节高。乡村振兴涉及的领域十分丰富，需要研究探索的问题也很繁杂。本丛书的研究编写历经了三年的时间，其间，国内外的形势发生变化，乡村振兴战略的推进也在不断深化，丛书可能没有完全反映相关领域的最新进展，也希望得到各界的批评指教。

李小云

2023年8月

目 录

第一章
乡村振兴背景下我国乡村人才队伍建设情况

003 · 一、我国乡村人才的内涵及其特征
011 · 二、当前乡村人才资源开发的现状

第二章
促进乡村人才振兴的理论框架

027 · 一、构建乡村人才振兴的整体性治理框架
036 · 二、公平：强化乡村人才振兴的制度性供给体系
050 · 三、效率：优化乡村人才振兴的资源性统筹内容

第三章
乡村振兴视域下人才振兴的实践探索

065 · 一、选拔培养平台：发挥乡村人才的优势效应

072 · 二、干事创业平台：发挥乡村人才示范效应

078 · 三、交流中介平台：发挥乡村人才的连锁效应

082 · 四、引进回流平台：发挥乡村人才的集聚效应

091 · 五、乡村人才振兴环境建设

第四章
职业农民培育与农民身份转化的新探索

103 · 一、乡村人才振兴的新探索——农民身份转化

114 · 二、从身份农民向职业农民转化困境分析

118 · 三、发达国家农民身份转化经验借鉴

127 · 四、从身份农民向职业农民转化的对策分析

第五章
未来农业、未来乡村与未来人才

137 · 一、未来农业、未来乡村与未来人才

158 · 二、培养新农人，重建乡村关系

175 · **参考文献**

195 · **后　记**

第一章

乡村振兴背景下我国乡村人才队伍建设情况

全面实施推进乡村振兴战略，是我国"三农"工作重心的历史性转移。乡村振兴战略的实施，离不开一支懂农业、爱农村、爱农民的乡村人才队伍引领。解决乡村人才建设问题是全面推进乡村振兴战略的关键，是推动农业全面升级、农村全面进步、农民全面发展的内在和必然的要求。

乡村人才队伍作为乡村振兴背景下实现乡村快速发展的重要力量，急需乡村农业生产、经营管理、社会服务领域各类人才。按照中央《关于加快推进乡村人才振兴的意见》顶层设计，我国乡村人才划分为农业生产经营、农村二三产业发展、乡村公共服务、乡村治理、农业农村科技五类人才，分别担负着乡村振兴战略不同领域的重任，呈现出新时期乡村人力资源开发利用的新特征。现阶段我国乡村人才队伍不断壮大，乡村人才类型逐渐呈现多元化发展趋势，为农业农村发展注入了新动能。但与此同时，我国乡村人才队伍建设从人力资本层面来看，处于内外交困的发展状态，乡村人才队伍建设面临乡村人力资本规模、质量、结构等方面的突出短板应予以关注重视。

一、我国乡村人才的内涵及其特征

（一）乡村人才的内涵

1. 农业生产经营人才

农业生产经营人才是指掌握一定的生产和经营能力，并且能够熟练地管理一定规模农业生产经营的乡村人才，农业生产经营人才主要有两类，分别是乡村高素质农业生产人才和乡村经营人才。

乡村高素质农业生产人才是指拥有爱农业爱乡村的情怀，有文化懂技术，在乡村农业发展中善于发现机会、敢于创新，能够在乡村振兴战略中引领群众共同发展的农业生产人才。乡村高素质农业生产人才通常拥有规模经营的产业，在掌握农业生产技术的方面比较突出，通常是一些生产大户、规模户。

乡村高素质农业生产人才具有以下特点：具备较高的综合素养，这类生产人才一般经过良好的教育，能合理有效地将所学技术和知识用于农业生产，进而提高农业生产效率及促进农户增收；具备较强的社会责任感，他们都是由普通农民成长起来的，是农民群众中的精英代表，他们长期植根、服务于农民群众，面对从小到大陪伴自己的乡亲们，面对滋养自己成长的乡村环境，能够保持炽热之心；乡村高素质农业生产人才在乡村有着较好的传播力与影响力，他们是农业生产的佼佼者，在农业生产方面作出的成绩，能够产生较强的示范作用，为周边农民群众树立了榜样，并且得到群众的充分认可；具有很强的时代感，随着时代的发展，主动适应并积极投身现代农业发展成为乡村高素质农业生产人才的共同选择，乡村高素质农业生产人才能带领村民实现城市与乡村的接轨，推动乡村产业的线上化，拓宽销售推广渠道，大力推动乡村振兴。

乡村经营人才一般是指新型经营主体，比如在家庭农场、农民专业合作社和农业企业等部门中从事经营管理的专业人才。乡村经营人才主要包括两类，分别是家庭农场经营者与农民合作社带头人。乡村经营人才具有以下特点：乡村经营人才懂得相关的农业专业技术，为确保家庭农场和农民专业合作社的可持续发展,他们能够制订科学发展的计划,包括家庭农场、合作社未来的生产计划与人、财、物各类资源的配置计划;乡村经营人才还需要掌握经营管理相关知识和市场规律,以此保证家庭农场和农民专业合作社的收益稳定和快速发展。

2. 农村二三产业发展人才

农村二三产业发展人才是指能够通过各自不同的方式来实现产业创新、促进农村二三产业发展以及为乡村带来现实利益的乡村人才,主要包括农村创新创业带头人才、乡村电商人才与乡村工匠。

农村创新创业带头人才作为带领乡村产业发展的重要力量,拥有超前眼光及不服输的精神,他们大部分都接受过良好的教育,相比于其他乡村人才具有更丰富的管理经验,掌握更现代化的专业技术。农村创新创业带头人才可以狭义地理解为"在乡村地区进行创新创业的人",就是在乡村这个场域内,发扬乡村产业经营的创新精神与创业意识,并把创新创业作为一种思维方式贯穿于乡村产业发展全过程的人。农村创新创业人才主要包括返乡农民工、返乡大学生、返乡退伍军人、城镇入乡人员等具有丰富的管理经验,掌握现代化的专业技术的群体。作为农村产业振兴的重要驱动力,农村创新创业带头人才通过创新创业推动农村二三产业发展。培育和发展农村基层创业,是促进农村产业链形成和发展的有效途径,在此基础上追求农村各方面的可持续健康发展,才能最终实现乡村振兴。农村创新创业带头人才具有以下特点:农村创新创业带头人才包含了常年居住在乡村地区且融入乡村文化和环境中的农民,以返乡农民工、返乡大学生和返乡退役军人为主的返乡人员,以高校毕业生、科学技术人员、归国留学生、退役军人以及城市各类人才为主的城市入乡人员;农村创新创业带头人才一般乐于奉献,怀揣着乡土情怀返乡创业。

农村电商人才是指以电子商务为手段,经营特殊农产品,并为农村法律主体在就业、收入、社会福利等方面带来实际利益的人才。从狭义的农村电子商务概念来看，根据分工的不同，农村电子商务人才主要有以下几类：电子商务企业家、电子商务从业人员、电子商务培训人员、电子商务服务提供者、电子商务物流运营商、农村经济管理者。农村电商人才具有以下特点：农村电商人才主要以电子商务为手段，开展相关的经营销售活动，面对复杂多变的市场，他们能够保持良好的学习习惯，紧跟时代的发展。同时，他们能对竞争对手和市场进行较好的分析，有效管理并调整自己的团队，及时应对市场出现的各种风险。他们还有较强的执行能力和决策能力，能够根据市场情况以及客户需求作出相应的决策并予以执行。

乡村工匠是指在乡村地区成长生活，掌握一定的特殊技能，并使用这些技能为农村发展服务的新型农民专业技术人员，主要包括乡村建筑、家电制造、衣物服饰、民间文化等领域的熟练技术人员，乡村工匠都是典型的专业人才和实践人才，对美丽乡村的建设起到了积极的作用。他们能够在美丽乡村建设、引领实现技术致富、传统手工艺的传播等方面发挥积极作用。乡村工匠人才具有以下特点：乡村工匠成长于乡村，服务于乡村，拥有强烈的乡土情怀和工艺精神，肩负乡村技艺传承的重任。

3. 乡村公共服务人才

乡村公共服务人才是指乡村基层干部、乡村教师、乡村卫生健康人才、乡村文化旅游体育人才等与农民生产生活有关的人员。他们是在乡村具有一定知识、技术或管理能力，能够为乡村经济、科学技术、教育、卫生和文化等事业的发展提供专业、对口服务的人才。乡村公共服务人员是新农村建设的重要人力资源和社会主义新农村建设的主战力，在农村发展和服务中都发挥着不可替代的作用。

乡村基层干部是指在乡村执行党的政策，代表党和政府履行义务，团结带领广大农民致富，建设中国特色社会主义新农村的组织者和指挥员。乡村基层干部具有以下特点：乡村基层干部作为没有纳入国家编制的干部，一方面要代表党和政府，另一方面又要代表农民群体，履行职责时要做到两头兼顾；乡村基层干部的工作除了复杂艰苦外，还具有非常明显的终端性，乡村基层干部既是领导者，也是工作队员；乡村基层干部依靠对党和人民的朴素情感在工作，在奉献。

乡村教师是指在乡镇中心学校一线和乡村小学、教学点、农业相关街道和农村学校（包括中小学、幼儿园、特殊教育学校和中等职业学校）开展教学活动的人员，包括正式教师、代课教师、特聘教师和其他非正式教师。乡村教师具有以下特点：乡村教师热爱教师事业，乐观积极，守得住清贫，符合教师从教的所有标准和规定。同时，乡村教师对专业的要求普遍较高，倾向于全面发展。

乡村卫生健康人才指的是掌握一定的医疗卫生专业知识、专门技能，在广大乡镇及村级地域从事医疗卫生专业劳动，并为乡村医疗卫生事业作出贡献的人员。具体而言，主要是乡镇卫生院（含中心卫生院）以及村卫生室的工作人员，包括卫生技术人员、乡村医生、执业医师、助理医师和卫生人员等。乡村卫生健康人才具有以下特点：乡村卫生健康人才掌握一定的医疗卫生专业知识、专门技能，达到卫生人员从业的所有标准和规定；他们热爱医疗事业，愿意在广大乡镇及村级地域等偏远地区从事医疗卫生专业劳动，为乡村医疗卫生事业作出贡献。

乡村文化旅游体育人才是指具备与乡村文化、旅游、体育相关的知识和技能，有良好沟通交流能力，对乡村有较好适应性，熟悉乡村历史文化并能发挥乡村资源优势，能够管理和组织人文旅游活动、提供服务的人员。乡村文化旅游体育人才具有以下特点：乡村文化旅游体育人才具备与乡村文化、旅游、体育相关的知识和技能，达到从业的所有标准和规定；自身具备良好沟通交流能力，能够管理和组织人文旅游活动、提供相关服务，并且对乡村有较好的适应性，熟悉乡村历史文化并能发挥乡村资源优势。

4. 乡村治理人才

乡村治理人才是指在脱贫攻坚工作过程中，那些文化程度高、专业技术强、思想开放，并且积极关注乡村、走进乡村、建设乡村，为打赢脱贫攻坚战贡献力量的各类人才。他们充分发挥自身优势，在乡村产业发展、乡村治理等方面发挥了积极作用，为推动乡村振兴奠定了坚实的人才基础。乡村治理人才是乡村基层的主干力量，这支队伍的强弱关乎乡村振兴战略的成果显著与否。乡村治理人才可以分为乡村党政人才、政府派驻乡村工作人才、新乡贤。

乡村党政人才主要是指在乡村基层组织中工作的公务员，乡村党政人才具有以下特点：乡镇党政人才是进行乡村治理的中坚力量，是国家"最后一公里"政策的执行者，是各级政府连接人民群众的桥梁，也是乡村人才队伍的领导者和管理者。

政府派驻乡村工作人才包含到村任职的各类人员，可以分为选调生、驻村第一书记、驻村工作队员。政府派驻乡村工作人才具有以下特点：政府派驻乡村工作人才具有坚定的政治立场和较高的政治素质。他们能与党中央思想保持高度一致，能坚定贯彻党和国家政策，坚决服从组织的领导和指挥，同时具有较强的组织协调能力。虽然面临分管范围广，任务重，乡镇各种情况复杂，涉及面广，涉及部门多等困难，但他们善于利用各种有利因素，根据实际情况，积极组织和协调各方面的关系，有良好的心理状态与扎实的工作作风。无论严寒酷热，他们始终在工作中保持最好的精神状态，推行新时期基层干部的实地工作方式。

新乡贤是国家官方体系之外的强大内生力量。他们来自农村，有才华、有道德，愿意为家乡的建设服务。新乡贤包括从城市到乡村的企业家、专家学者、医生、教师、规划师、建筑师、律师、技术人员等。新乡贤具有以下特点：新乡贤在国家正规体制之外，一般都来自农村。他们有才能、有道德，愿意为家乡的建设服务。新乡贤作为一种软治理力量，可以将行政治理、自治、法治和美德治理相结合。在农村治理问题中，新乡贤通常以个人或社会组织协商的方式来解决问题。

5. 农业农村科技人才

农业农村科技人才主要包括农业科技推广人员、科技特派员和农民科技人才。他们是我国农业科学技术从科研院所、涉农高校转移到农业生产的主要通道，进一步推动了农业科学理论技术转化为实际生产力，对现代农业发展、对乡村振兴起到积极作用。

农业科技推广人员是指在农业科技不断发展推进的过程中，具备一定的农业科技素养和农业技术理论知识，具备较强的组织、协调、沟通能力，能够为农户提供农业生产方面的理论支持和技术指导，同时还能提供技术咨询、技术培训、技术开发和信息获取等服务的人员。农业科技推广人员包括在各级政府的农业科技推广服务机构、农业技术私人组织、合作组织等各种机构中从事农业科技推广的科研人员、技术专家等。农业科技推广人员具有以下特点：农业科技推广人员自身具备一定的农业科技素养和农业技术理论知识，有较强的组织、协调、沟通能力，他们作为农业技术顾问，提供技术培训、技术开发和信息获取等服务，为农户解答疑难困惑。

科技特派员制度是目前国家和地方政府根据乡村实际情况出发所作出和实施的重要决策。按照一定标准，选拔出具有一定理论知识、专业技术、工作经验、指导方法、管理能力和科技专业实力的专家、教师、科研人员、医生，将他们派驻到乡村一线，长期和农民一起劳作生活，与农民进行合作，服务农业发展，为"三农"奉献自我。科技特派员通常情况下分为省级科技特派员、市（地区）级科技特派员、县级科技特派员。科技特派员具有以下特点：科技特派员主要是青中年知识分子，如专家、教授、研究人员和医生。他们不仅具备相关的专业理论知识和科学技术，同时还有着丰富的工作经验、科学的指导方法和突出的管理能力。他们深入乡村一线，与农民一起工作生活，服务农业发展。

农民科技人才是指出生、生活在乡村，在乡村进行劳动和创造，并掌握相关农业专业知识或技能，能够在农业生产和农业经济发展中起到示范和引领作用，为群众所认可的乡村实用技术人才。农民科技人才具有以下特点：农民科技人才都是普通地道的农民，既没有各种干部以及工人身份，也没有各种职称和职位等头衔，他们主要在乡镇及本村范围内，向农户科普、推广先进的农业科学技术，并不断开发应用新技术。他们通过带动、影响、指导农民学习农业生产知识和科学技术，使广大农民群众学会生产管理。农民们通过农民科技人才的示范引领，能够形成合力，产生巨大的社会效益。农民科技人才出于对原生地乡村环境和人文背景的熟悉和了解，能够在乡村生活中更加游刃有余，在农业生产中更加高效，其能力和技能能够较好地适配当地的社会经济发展需要。农民科技人才所拥有的技艺可能不是单纯的某一项技艺，而是多样技艺的集合。一位从事养殖的能手，他可能是生产经营专家，也可能是乡镇企业的管理人员。

（二）乡村人才的共性特征

1. 乡村人才具有能动性

与自然界中的其他生物不同，人具有思维、情感、主观能动性与针对性的活动能力和积极改变世界的能力。人是有意识的，这种意识不是一种低级的动物意识，而是一种社会意识，使人能对自身和外部世界有清晰的认识，能够主动积极调节自己与外部世界的关系，让自己适应环境。

（1）自我强化。人的教育和学习活动是增强人才自主性的主要途径。

（2）职业的选择。人才的适应在市场经济环境条件下主要是依靠市场。人因为自身具有的劳动能力，可以根据喜好自主选择工作。

（3）积极劳动。敬业、热爱工作、积极工作、创造性工作是人才主动性的主要方面，是人才发挥潜能的决定性因素。

2. 乡村人才具有时限性

人力资源的使用是有时限的。在现实生活中，必须在一定的时限内开发和利用人力资源。与可以实现长期储存且质量不会随着时间推移下降的自然资源不同，人力资源一段时间不使用就会面临废弃和退化。之所以会有这种差别，原因是人从事工作的自然时间都是有限的，每个阶段的劳动能力也各不相同。随着年龄的增加，人的智力、掌握的知识和技能可能会发生变化，工作能力和工作效率也可能会随之降低。通常来说，人力资源开发的最佳时期是青少年时期，青年时期和中年时期则是人力资源利用的最佳时期和人力资源效率的最高峰。在这些时期，如果人力资源得不到开发和利用，就会失去其内在的能力作用。

3. 乡村人才具有可开发性

人力资源是可以实现持续性开发的资源，不像自然资源在经过多次开发后就失去了价值，人在活动过程中有自己的消耗，同时，为了工作能力能得到补充、更新和发展，人会在工作中不断地对自己的行为进行合理化。人力资源开发的持续性表明，人力资源的利用过程也是人力资源形成、积累、完善和创造的过程。在个人的生命和职业生涯结束之前，人力资源都是一种可持续的资源。人力资源的无限开发给人带来无限的创造力。

4. 乡村人才具有可变性

人力资源并不是一成不变的。人的工作能力在工作中并不是固定的，每个人的总工作能力中往往只有一部分是实际工作能力。这就说明个人的潜在工作能力占绝大部分，这些工作能力可以采用适当的方法来发展和培训，例如提升员工掌握的技能以及员工自身的责任感。在人类知识的不断增加和技术的不断进步下，通过后期塑造，可以提高人力资源本身的价值和人力资源的效益，因此，人力资源不是不变的，是具有可开发性、可塑造性和可再生性的。

5. 乡村人才具有社会性

人力资源的生产、使用和管理必须在一定的社会历史条件下才能实现。没有人能完全孤立于社会群体之外。人的劳动能力是在劳动过程中形成和提高的。所谓劳动，就是一群人在形成一定社会关系后对自然进行改造的过程，人都是在一定社会历史条件下的社会环境中进行劳动实践的。人力资源的整体素质是由社会经济发展的总体水平决定的。所以，人力资源具有时代性和社会性。

二、当前乡村人才资源开发的现状

习近平总书记指出，推动乡村全面振兴，关键靠人。让人才大施所能、大展才华、大显身手，乡村才能建设好。乡村生产经营人才，他们有经验、懂管理、会经营，为农村发展注入新活力，为农业发展注入新动能。

（一）人才开发规模与特点

1. 乡村潜在人力资源规模大，返乡创业就业人口增长显著

我国乡村地区人口数量众多，乡村劳动力供给总量大，人力资源规模大，对促进我国经济社会快速发展具有重要作用。第七次全国人口普查统计数据显示，我国乡村现有人口5.09亿，占全国总人口的36.11%。而随着我国新型工业化的发展，社会信息化程度不断提高，农业现代化的不断深入，大量农业转移人口市民化的政策逐渐落实，乡村劳动力逐渐脱离农业向城镇转移。截至2020年底，我国乡村就业人口数达2.87亿，占全国就业总人口的38.35%；其中，农民工数量达2.85亿，占农村总人口的56.01%，外出农民工近1.69亿人，占农民工总数的59.38%，本地农民工近1.16亿人，占农民工总数的40.6%。由此可见，我国乡村劳动力总量较为富余。同时，在乡村振兴和脱贫攻坚取得成就之后，部分农村户籍的农民工群体受各种保障条件和制度的约束，在城镇落户的意愿逐渐下降。而随着新型城镇化、农业产业化的迅速发展，农村剩余劳动力数量将不断增加，开发潜力巨大。此外，近年我国返乡创业就业人口规模持续扩大，成为农村经济发展新的增长点和推动乡村发展的新动能，返乡入乡人才总量屡创新高，他们逐渐成为乡村产业融合发展的带头人。统计数据显示，2019年各类返乡入乡创新创业人员累计超过850万人，在乡创业人员超过3100万；2020年，全国各类返乡入乡创新创业人员达到1010万人，比2019年增加160万人，同比增长19%，是近年增加最多、增长最快的一年。据农业农村部监测，截至2021年底，全国返乡入乡创业人数累计达到1120万，比2020年增加110万人。其中，70%是返乡创业的农民工，创办项目中80%以上是农村一二三产业融合项目。

2. 乡村人才类型不断丰富，人才队伍不断壮大

目前，大多数乡村缺乏引领一方、带动一片的乡村复合型人才，懂技术的农业农村科技人才。我国也正在加快培养乡村生产经营人才、乡村二三产业发展人才、乡村公共服务人才、乡村治理人才、乡村科技人才，乡村人才类型不断丰富。同时，在各项政策助力下，乡村人才队伍规模在不断壮大。以乡村实用人才为例，2020年全国登记乡村可用的"实用型"人才数量达2254万，比2015年的1272万人增长77.2%。根据2018年全国农村固定观察点对80593个农村居民的调查，有7.1%的乡村居民接受过各类高素质农民培训。接受过现代青年农场主培训的乡村居民，全国各地区占比大多在1%左右。有2.2%的农户接受过乡村实用型人才带头人培训，有1.1%的农户接受过新型农业经营主体带头人培训，1%的农户接受过农机大户和农机合作社带头人培训。同时，上述统计还显示，高素质农民中家庭经营农业劳动者占比最高，达到56.6%，高于普通农民的42.6%。乡村公共服务型人才规模也在不断扩大，《中国统计年鉴》相关统计显示，截至2019年底，我国乡镇卫生院卫生技术人员123.2万人，其中有执业（助理）医师资格共有50.3万人，全国乡村医生和卫生员总数达到84.23万人。我国农业科技人才队伍也在不断壮大，2021年，全国农业科研机构从事农业科技活动人员达7.23万人，重大农业科技平台及国家农业科研机构、涉农科技领军企业等的引领带动作用显著增强。50个现代农业产业技术体系建

设正在持续加强，以促进产业转型升级。

3. 乡村人口教育程度低，高素质人才储备不足

自改革开放以来，我国加大了对乡村教育事业的投入，乡村人口受教育水平及文化素质有了较大提升。但是，农村的整体教育水平和文化素质有待提高。以农民工为例，2020年，高中及以上学历的农民工占农民工总人数的28.9%，初中及以下学历的占71.1%。由此可见，我国农民工受教育水平普遍偏低。同时，拥有大专文凭的农民工占比仅12.2%，外出务工的中高质量人才规模小。2016年第三次农业普查数据显示，全国从事农业生产、经营工作的人员中，具有小学及以下文化程度的人口占43.4%，具有初中文化程度的人口占48.3%，具有高中及以上文化程度的人口仅占8.3%。占乡村常住人口比例不足6%的乡村人才中，绝大部分学历偏低，虽与往年相比，我国乡村人口的受教育水平及文化素质在逐年提升，高质量人才数量也在不断增加，但整体规模仍然较小。这就决定了我国乡村人力资源在思想观念上相对落后，整体劳动力素质也较低，面临着高端人才引进难，本地人才孵化慢的问题。地理位置、经济发达程度是高端人才对一个地方进行具体考量的重要标准，所以近年来全国各地乡村尽管出台了很多政策吸引人才，但相较于城市，很多乡村由于产业化程度低、产业发展基础设施落后，未有效形成满足创新创业、电商、工匠需求的产业基础，人才下沉意愿不强，从而出现乡村二三产业高端人才难引进、本地人才难培养的困境。比如农村电商由于行业盈利低，产品不聚焦、产量不高、品牌不响，乡村电商发展的产业基础薄弱，难以吸引到高端电商人才，而本地人才的孵化培养，效果不佳，带动效果不明显。

4. 乡村优质人力资源逐年减少，乡村发展后劲乏力

随着我国经济社会的快速发展，乡村人力资源开发建设取得了一定成效，乡村人力资源的质量得到一定程度的提高。但我国乡村人力资源在质量、结构、规模等方面仍与全面推进乡村振兴所需要的人才存在着较大的差距。目前，我

国乡村人力资源，以年轻人为主，大量向城市转移。乡村人才流失规模不断扩大，使得最终留在乡村参与建设的人才综合素质整体偏低，乡村发展受阻。在城镇化进程中，乡村人口大规模向城市流动是必然现象，因为城市中存在使人才资源充分发挥作用的各项条件，而乡村在区域位置、基础设施建设、经济社会发展、公共服务及保障措施、政治及经济待遇等方面不具备优势，其人才引进与培养工作受到一定限制。由于人才总量少、农村区域面积广、生产居住区域分散等现实因素存在，科技人才对现有的农业生产起不到全面、及时的指导作用，新兴科技知识及设备在农村的推广因此受到阻碍，无法最大限度地发挥科技助农原有的作用，无法有效提升农村生产力、提高农村居民的生产经济效益。且随着我国农村老龄化、空心化趋势日益加剧，乡村人才后备不足的问题更加明显。第七次全国人口普查的结果显示，全国31个省份，有30个省份65岁及以上老年人口比重超过7%。人才短缺使得乡村的生产能力持续下降，乡村发展失能，最终变成"老""弱"的生活空间，无法助推乡村振兴的实现。

（二）主要做法

实现农业生产经营人才振兴关键在于吸引人才，将人才引入乡村、留在乡村。各省区以农民教育培训专项工程为引领，带动各地多渠道、多形式、多层次推进农业农村实用技术和经营技能培训，主要做法如下：（1）树立典型，辐射带动。在实际工作中，各省区按照各地的实际情况和地方的整体规划要求，从生产经营人才中选择表现突出的作为典型代表，将其作为生产经营人才的领头羊，辐射带动当地生产经营人才。如福建省古田县鹤塘明艳茶叶专业合作社负责人余海燕，先后被评为"全国乡村青年致富带头人""2021年度福建省农村实用人才带头人"，在她的带领下，鹤塘镇程际村打开了茶叶销售渠道，创建了自主独立品牌，延长了茶产业链，开启了乡村振兴"高质量发展特色茶产业"的富民之路，充分发挥了农业生产经营人才的带头作用。（2）挖掘潜能，多元主体参与。积极组织各主体开展农业生产经营人才培育活动，定期安排人才外出学习，努力打造适应乡村振兴发展的新型农业生产经营人才队伍；加强本土人才培育，利用远程教育平台组织乡村生产经营人才学习各类技术，开展对当地生产经营人才、各社会培训主体的继续教育和技术培训，培养更多高技术经营人才，满足本地区对各类技能人才的需求。（3）落实聚才、育才、留才举措。把引、育、留作为农业生产经营人才队伍建设的重点。采取鼓励政策和各经营主体联动等引才方式，充分发挥了经营主体的引才作用，加大了柔性引才力度。

关于农村二三产业发展人才振兴，主要有以下做法：（1）搭建农村二三产业发展平台，打造资源聚集高地。全国各地集聚资源、集中力量，建设了富有特色、规模适中、带动力强的特色产业集聚区。福建省晋江市通过搭建孵化共享平台，建设创意创业创新园、智能装备产业园等科技创新载体，为农业农村各类人才创业创新提供空间，推动乡村创新创业集群发展。同时，与高校签订农村双创合作协议，成立创业基地、研究院，着重在现代农业、人才培养等方面开展深层次、高规格的战略合作。（2）培育农村二三产业发展主体，壮大乡村人才队伍。农村二三产业发展主体是乡村人才的主要组成部分，是推动乡村经济社会发展的主要力量。广东省韶关市的新丰县出台"政府特聘专才"人才引进政策，通过结合乡村发展实际，为各类急需人才设立了"特岗"，并通过补贴形式，以较有吸引力的工资水平，吸引了各类人才返乡创业，鼓励和引导了二三产业人才向农村转移，激活了农村的创新活力。（3）丰富培训内容，引入多元培训主体。全国各地通过聚焦乡村、发展特色产业，采取线上线下相结合的培训方式，积极构建参与多元化、内容多样化、终端多样化的培训体系。广东省聚焦"三项工程""农村电商""乡村工匠"等开展技能培训工作，截至 2021 年底累计培训 721 万人次，各平台直播培训在线学习人数累计超过 2372.3 万人次。

关于乡村公共服务人才振兴，主要有以下做法：（1）多措并举激励乡村公共服务人才。各级政府通过提高补助的方式关心乡村教师和医疗卫生人才的待遇。在精神关怀方面，国家、省、市（县）等各层次荣誉称号评选向乡村公共服务人才倾斜。（2）创新公共服务人才培育政策，提升人才素质。为提升乡村公共服务人才的素质，各级政府改革了乡村公共服务人才的培养机制，创新"定向培养、免费培养、创新培养"体系，实行高等院校、地方政府、研训机构、中小学校"3+1"协同培养模式。如实施学前教育免费师范生培养、高等医学院校各专业硕士学位衔接机制、五年制专科免费培养模式和卓越乡村公共服务人才培养模式。（3）依托高职院校分类考试招生，培养乡村公共服务人才。通过乡村公共服务人才定向培养工作，高职院校培养了一批品德好、素质高和热爱事业的基层服务人才。如通过三年的全日制培养工作，以全科医学为重点的临床医学、中医学的专业人才毕业后返回乡村，为乡村医疗卫生事业作出了贡献。（4）乡村文旅融合，人才先行。在推进文旅融合，促进乡村振兴的发展背景下，为推动乡村公共服务人才振兴，一些地方纷纷以文化和旅游事业为抓手，通过"能人"烘托文化氛围和开展文化活动，推动了灵活就业同时形成品牌效应。

  关于乡村治理人才振兴，主要有以下做法：（1）党建引领带动群众。各地方通过加强党的领导，以党员带头进行网格化分管，把村里划分成一个个小区域，每个区域专人解决相关事宜，这不仅加快了治理效率，而且能获得村民的认可，带动群众一起建设美丽乡村。（2）强化县乡村三级联动。通过县乡村三级联动，搭建现代化平台，高效精准地解决乡村治理人才问题。如通过"一横两竖"工单式管理手段，将问题及时有效地提交给政府并且得到解决，不仅节约了双方的时间，提高了工作效率，而且能够更精准地传达信息。（3）创新基层治理方式。乡村治理人才振兴是一个比较大的问题，需要村干部作为主导带领村民发展，创新基层的治理方式，提高传统治理方式的效率。例如，为了解决乡村基层治理人才能力不够的问题，很多地方通过建设数字乡村，引进数字技术助力基层治理，让乡村实现了治理现代化。很多地方的新乡贤也通过自身的影响力，助力乡村治理，为乡村引进产业，发展经济，让村民能够致富增收，进而推动美丽乡村的建设发展。

关于农业农村科技人才振兴，主要有以下做法：（1）围绕促农增收，集聚农技人才。乡村振兴关键是促农增收，只有让农民的收入增长起来，乡村的发展才有希望、才有声势、才有前途，但农民在产业发展上仍存在许多短板和不足。为了解决好这些问题，各地党委政府把集聚农技人才提上日程，紧紧围绕农民增收、农村繁荣、农业增效，大力吸引农技人才、培养农技人才、用好农技人才，让人才为农民发展产业提供专业的技术指导，让农业产业发展成为"有奔头""有盼头""有搞头"的事业，切实推动农技人才为乡村振兴提供坚强助力。（2）坚持引培双促，提升农业农村科技人才能力。鼓励农业农村科技人才到乡村一线干事创业，因为农业农村科技人才凭借知识和技术优势在农村农民中建立一定的信誉后，组织引导农民接受新的技术和知识时遇到的阻力会更小，也能为更多的新技术推广创造了良好的环境。此外，各地党组织还定期开展对农技人才的培训指导，既宣传了党的好政策、科技的大进步，又让农技人才有展示自己的舞台，能够分享自己开展农技工作的"实用经"，推动了不同地区农业农村科技人才之间的交流互动。（3）突出正向激励，留住农业农村科技人才。农业农村科技人才是乡村振兴的关键支撑，各地必须要打造一支带不走的农业农村科技人才队伍。如何把农业农村科技人才留在基层？就是要积极回应农技人才的关切，切实为农技人才服务，让农技人才的各种正当需求得到满足，他们才能安心在基层干事创业。

（三）主要成效

首先，在中央一系列人才政策的推动下，农业生产经营人才工作的力度持续加强，人才总量不断扩大、结构不断完善、素质不断提升。据统计2020年全国返乡创业人数超过1000万人，比2019年增加了160万人，同比增长19%。在国家政策的引领下，中国农民工返乡就业创业呈逐年上升趋势。其次，乡村联农带农效果明显，各地政府本着"做给农民看、带着农民干、帮着农民赚"

的理念，联农带农取得了明显的效果。到 2019 年底，全国农村电商达到 1384 万家，全国农产品网络零售额达到 3975 亿元，同比增长 27%，带动 300 多万贫困农民增收。2020 年，全国平均每个返乡创新创业项目可吸纳 6.3 人稳定就业、17.3 人灵活就业，并能通过契约式、分红式、股份式联结方式，把产业增值收益留给农民。同时，农村通过发展电商吸引了一大批农民工、大学生、转业军人返乡创业。再次，乡村人才队伍素质逐年提高，在国家政策大力支持下，乡村公共服务人才的素质得到了进一步的提升。2020 年乡村教师队伍中，本科以上学历占 51.6%，中级以上职称占 44.7%。在医疗卫生及文旅人才的队伍里高素质人才也屡见不鲜，特别是我国乡村医疗卫生人才队伍建设取得了长足发展，各地为乡村就医作出实质性的改善，医疗卫生人才服务能力持续增强。最后，农民教育培训体系不断完善，培养了一批"懂政策、懂法规、懂流程、会实操"的乡村科技人才，更好地促进科技成果转化落地，更好地服务政府、服务企业、服务社会。各地采取集中授课、流程讲解、实案操作、学员互动、专家点评相结合的方式，邀请业内知名专家通过线上会议平台开展培训。广东省高州市科技特派员结合新时代文明实践活动，开展科技三下乡、科普宣传月、科技活动周等活动，深入到各乡镇宣传、推广农业专业知识，进一步提升当地农民生产水平。同时，根据各镇产业发展的技术需求，组织科技特派员深入基层举办技术培训，开展政策宣传和提供科技指导、技术咨询、推广示范新品种新技术等服务。通过科技宣传和专题技术培训，传播了先进科学理念和科技知识，有效提升了农民群众的科技素质。

（四）现行主要乡村人才政策及存在的问题

1. 现行主要乡村人才政策

国家高度重视乡村人才的培养与利用，出台了一系列政策支持乡村人才发展，这些政策呈现以下特点：

（1）国家越来越重视人才工作，将人才工作上升到国家战略层面

2000年10月，党的十五届五中全会提出，要把培养、吸引和用好人才作为一项重大的战略任务切实抓好。同年11月召开的中央经济工作会议要求制定和实施人才发展战略。

2001年通过的《中华人民共和国国民经济和社会发展第十个五年计划纲要》明确提出"实施人才战略，壮大人才队伍"。

2002年5月《2002—2005年全国人才队伍建设规划纲要》出台，这是我国第一个综合性的人才队伍建设规划，首次明确提出"人才强国"战略，要求从战略高度和全局，深刻认识人才在经济社会发展中的基础性、战略性和决定性作用。

2003年12月，中共中央、国务院召开新中国历史上第一次全国人才工作会议，会议出台《中共中央国务院关于进一步加强人才工作的决定》，标志着我国人才工作顺利进入了新时代。会议以全面建成小康社会的宏伟目标为出发点，认为新世纪新阶段人才工作的根本任务是大力实施人才强国战略，要求坚持党政人才、企业经营管理人才和专业技术人才三支人才队伍建设一起抓。

2010年6月，中共中央印发了《国家中长期人才发展规划纲要（2010—2020年）》，这是中国历史上第一个中长期人才发展规划，为更好地实施人才强国战略，着力为实现全面建成小康社会目标提供人才保障。规划提出了"24字"人才发展方针：服务发展、人才优先、以用为本、创新机制、高端引领、整体开发。

2016年3月，中共中央出台《关于深化人才发展体制机制改革的意见》（以下简称《意见》），认为人才发展体制机制改革是全面深化改革的重要组成部分。从协调推进"四个全面"战略布局入手，贯彻创新、协调、绿色、开放、共享发展理念，实现"两个一百年"奋斗目标，必须深化人才发展体制机制改革，加快建设人才强国，最大限度激发人才创新创造创业活力，把各方面优秀人才集聚到党和国家事业中来。这是当前和今后一个时期全国人才工作的重要指导性文件。2016年5月中共中央召开学习贯彻该《意见》的座谈会，要求各地创

造性地贯彻好、落实好《意见》，实现人才发展与经济社会发展深度融合。

（2）农业人才的政策根据乡村的发展需求不断优化和调整

农业农村人才政策必须与经济社会发展水平深入融合。1999年出台的人才政策是为了实现农业和农村经济发展目标。因为"乡镇企业是农业和农村经济发展的重要支柱，在国民经济中占有重要地位"。所以，要"扩大乡镇企业专业技术人员队伍，建设一支门类齐全、素质较高的乡镇企业专业技术人才大军。"2007年的人才政策是为建设社会主义新农村、实现全面建设小康社会奋斗目标的新要求而提出的。2011年人才政策是着眼于发展现代农业、推进社会主义新农村建设，适应加快发展现代农业、建设社会主义新农村的需要，加大对现代农业的人才支持力度而提出的。

以2007年11月中共中央办公厅、国务院办公厅出台的《关于加强农村实用人才队伍建设和农村人力资源开发的意见》为标志，"农村实用人才"的概念逐渐稳定下来，之前有"县乡村实用人才"的概念，1999年提出"实施县乡村实用人才工程"，2003年提出"继续实施县乡村实用人才工程"。

以"2010年—2020年中长期规划"为界点，"农业农村人才"成为描述与现代农业和社会主义新农村建设相关人才的统称，之前关于这类理念的描述主要是"农村人才资源"，也有"农业和农村的人才"说法。

2017年党的十九大召开后，中共中央办公厅、国务院办公厅出台的《加快推进教育现代化实施方案（2018—2022年）》提出实施乡村振兴战略教育行动，大力发展现代农业职业教育，推进服务乡村振兴战略的高等农林教育改革，加快乡村振兴急需紧缺人才培养。2020年的《中共中央关于制定国民经济和社会发展第十四个五年规划和二〇三五年远景目标的建议》强调激发人才创新活力，加强创新型、应用型、技能型人才培养，将"提高农民科技文化素质，推动乡村人才振兴"作为全面推进乡村振兴的重点之一。《乡村振兴战略规划（2018—2022年）》提出"强化乡村振兴人才支撑"应实行更加积极、更加开放、更加有效的人才政策，推动乡村人才振兴，让各类人才在乡村大施所能、大展才华、大显身手。

(3) 国家对农业农村人才逐步重视，明确提出乡村振兴关键是人才

国家相关部委针对农业农村人才问题出台了不少政策性文件。在人才工作被提到战略高度之前，1999年3月人事部和农业部联合出台了《关于加速农村人才资源开发加强农业和农村人才队伍建设有关问题的通知》，认为农业和农村经济增长要依靠科技进步和劳动者素质的提高，解决此类问题的关键是开发农村人才资源，加强农业和农村人才队伍建设。在文件的第八部分中提到要"加强农业和农村人才队伍建设，关键要加强领导，做好规划，狠抓落实。各级人事、农业等部门要主动争取地方党委和政府的领导和支持，把这项工作纳入农业和农村发展目标规划"。2007年11月中办、国办出台的《关于加强农村实用人才队伍建设和农村人力资源开发的意见》是我国第一个针对农业农村人才的文件。2011年3月，中组部联合农业部、人社部、教育部和科技部印发《农村实用人才和农业科技人才队伍建设中长期规划（2010—2020年）》，这是在国家中长期人才发展规划纲要制定后首个针对农业农村人才的中长期规划，目标是为发展现代农业、推进社会主义新农村建设提供有力的人才支撑。2011年10月，农业部协同教育部、科技部和人社部印发《现代农业人才支撑计划实施方案》，更具体地提出"31373工程"。2011年12月，农业部印发《农业科技发展"十二五"规划》，将农业人才培养与教育培训作为四个重点任务之一。2013年1月，农业部印发关于贯彻实施《中华人民共和国农业技术推广法》的意见，其中七项内容之一是加强国家农业技术推广队伍建设。2018年2月，印发《中共中央　国务院关于实施乡村振兴战略的意见》，提出汇聚全社会力量，强化乡村振兴人才支撑。实施乡村振兴战略，必须破解人才瓶颈制约。2018年12月，教育部印发《高等学校乡村振兴科技创新行动计划（2018—2022年）》以推动高校深入服务乡村振兴战略实施。2020年的《农业农村部2020年人才工作要点》则助力推进农业农村现代化，进一步加强农业农村人才队伍建设，为全面建成小康社会提供强有力人才支撑。2021年2月，中共中央、国务院印发的《关于

加快推进乡村人才振兴的意见》指出，到 2025 年，乡村人才振兴制度框架和政策体系基本形成，乡村振兴各领域人才规模不断壮大、素质稳步提升、结构持续优化，各类人才支持服务乡村格局基本形成，乡村人才初步满足实施乡村振兴战略基本需要。

2. 现行主要人才政策存在的问题

（1）人才开发重视程度低，资金投入不足

我国各地区官员对乡村人力资源开发认知程度不高，对乡村人才开发的重视程度低。现行很多人才政策常由于历史遗留问题、体制机制制约无法落实到乡村人才身上，且政策性资金来源不足，乡村人才队伍建设的资金主要依赖单一的政府财政投入，资金投入的数量、规模都比较有限，资金投入渠道也很不稳定。受限于地方财政水平，村级农技员基本上只是象征性地拿些工资，待遇远远低于在外务工人员，新型实用的技术培训经费更是难以保障。部分县级政府财政困难，导致技术培训难以满足农业生产一线科技人员需求。同时，由于部分地方体制机制尚未理顺，农业科技人员的编制资源不足，晋升、上升渠道以及可持续提升路径缺乏。此外还存在待遇得不到保障、同工不同酬等问题，严重影响了农业科技人才工作的积极性和持续性，懂技术、熟业务的科技人员逐年减少。

（2）人才培养体制不健全，培训力度不够

我国乡村教育长期处于低水平状态，农民整体受教育程度较低。究其原因，首先是我国还没有形成一套完善的乡村人才培养体系，也没有直接针对农民发展的培训机构。即使农民有自我提升的需求，也没有专业渠道来进行农业职业技能培训，且现有的培训体制对乡村人才培训的力度不够，直接限制了我国乡村人才的培养和发展。其次，我国乡村基础设施不够完善，传统的乡村人才培养方式效益过低，对偏远地区人才培养投入的成本过高，使得我国乡村人才培养路径受阻。再次，对于乡村人才培养的对象、目标以及培养内容并不明确，这也使得我国乡村人才培养计划难以施行，我国乡村劳动力的整体素质难以提高。

（3）人才管理机制不完善，引进回流机制落实不到位

目前，大多数人才政策基本等同于人才待遇政策，政策的好处大多体现在各级人才待遇上，因此，人才势必会离开条件较差的基层，涌向待遇较好的中心城市，使得基层无法吸引外来人才，也大量流失当地人才。留不住人才的主要原因是基层人才制度缺乏灵活性和自主性。除了考虑待遇因素外，适当的体制支持也是人才选择工作区域时的重要考量因素。这种人才制度的合理性，在待遇因素不占优势的基层地区更为重要。但基层政府一般为"半政府"状态，很多法律、法规、政策文件的制定和授权，大多由县级政府或其他职能部门负责，而基层乡镇基本处于接收文件和认真执行法律、法规、政策文件的地位。这就使基层政府缺乏独立性、灵活性，办事效率不高。不科学的人才管理制度、不完善的人才服务机制、不灵活的用人机制，使得基层人才既得不到良好的待遇，也得不到制度的支持，最终导致基层人才外流。

（4）人才评价体系及制度化管理欠缺

人才是经济社会发展的第一资源，农业乡村人才更是兴农强农的决定性力量。聚集人才、激励人才、用好人才的重要基础是人才评价，但我国在人才评价机制建设方面仍然存在诸多问题。在建设经验上，我国仅初步形成了一套乡村人才评价体系，不能完全满足现代农业发展需要，仍需要不断探索创新分类评价方式，人才评价考核方式还需优化。此外，乡村人才评价方面缺乏制度化管理，不能保证人才评价的科学性、合理性。

第二章

促进乡村人才振兴的理论框架

乡村要振兴，人才要先行。乡村人才振兴是实现乡村振兴战略目标的关键。2020年的中央一号文件《中共中央 国务院关于抓好"三农"领域重点工作确保如期实现全面小康的意见》提出了推动人才下乡的政策；2021年2月，中共中央办公厅、国务院办公厅联合印发《关于加快推进乡村人才振兴的意见》，提出"到2025年，乡村人才振兴制度框架和政策体系基本形成，乡村振兴各领域人才规模不断壮大、素质稳步提升、结构持续优化，各类人才支持服务乡村格局基本形成，乡村人才初步满足实施乡村振兴战略基本需要"的目标任务。

伴随着乡村人才振兴的各类政策助力，各类人才迅速涌入乡村地区，自然而然，如何保障乡村不同主体的利益诉求成为急需解决的问题，如何平衡不同利益主体的公平与效率问题的重要性越发凸显。从整个人类社会的发展来看，公平与效率的矛盾运动推动了整个社会的递进发展，所以常成为不同学者的研究对象。公平涉及价值判断，效率则是在一定资源与制度条件下的效率，所以平衡不同利益主体的公平与效率诉求成为一大难题。乡村人才振兴必须解决公平与效率问题，对此，可尝试从整体性治理与制度性供给视角做出探索，将乡村人才振兴置于宏观视角，克服信息不对称所带来的非公平性资源配置，解决碎片化治理方式所带来的低效率问题，从而实现公平与效率的双重目标。

一、构建乡村人才振兴的整体性治理框架

(一)整体性治理的内涵

1. 内涵提出

整体性治理就是以公众需求为治理导向,以信息技术为治理手段,以协调、整合为治理机制,以跨越组织功能为边界,在政策、规章、服务、监督四个方面,对治理层级、治理功能、公私部门关系及信息系统等方面的碎片化问题进行有机协调与整合,使公共管理不断从分散走向集中,从部分走向整体,从破碎走向整合,为公众提供无缝隙、非分离的整体性服务。整体性治理充分体现国家治理的包容性、整合性。

整体性治理理论是西方社会特定历史阶段下的产物,主要反映出西方公共行政发展的方向及演变,是政府治理理论在20世纪90年代末以来的一大创新。这一理论最初是由新公共服务的代表人物佩里·希克斯于20世纪90年代末提出。当时的西方社会进入了后新公共管理时期,政府实行传统官僚制体制,重视政府的功能导向,致使政府职能重复分散,政府治理处于相对碎片化的状态。为解决这一问题,希克斯对整体性治理进行研究,先后提出整体性政府、整体性治理思想,使得整体性治理理论框架体系逐步完善健全。1995年,希克斯在《文化治理》一书中指出英国保守党的治理问题,即"在经济及效率考量下长期对人性的怀疑,造成公众不信任感,有碍公共服务整合,造成公共支出增加",随后又在《新企业文化》中指出要建立一种新的企业家精神。希克斯初步有了对于整体性治理的构思,但尚未提出完善的理论体系。1997—1999年,希克斯撰写了《整体性政府》《圆桌中的治理——整体性政府的策略》两本书,奠定了整体性政府理论的主体框架。他认为英国政府所存在的一大问题是功能性分裂,即政府内部职能部门存在着一定程度的割裂与低效,导致协调不力、财政资金紧张的问题。对此,他在《整体性政府》中提出要

重构政府，使其向着整体性方向发展。《圆桌中的治理——整体性政府的策略》则系统性地对整体性政府的构建策略与实施工具进行分析，使得整体性政府理论逐步完善。2002年，希克斯所著《迈向整体性治理》将关注重点从政府内部转向政府与市场、社会的三者关系，从而使得整体性政府理论转变为相对完善的整体性治理理论体系。

作为整体性治理理论的主要提倡者，希克斯整体性治理主要针对碎片化治理带来的一系列问题，整体主义的对立面是碎片化而不是专业化。碎片化原意为原本完整的东西破碎成诸多零块，后被广泛推广应用于描述社会治理机制上所存在的问题。

2. 功能因素

"整体性治理着眼于政府内部机构和部门的整体性运作，主张管理从分散走向集中，从部分走向整体，从破碎走向整合。"整体性治理是针对传统政府治理过程中碎片化问题所形成的创举，在治理过程中也能够极大增强政府的协调能力、整合能力以及公众的政府信任度。

（1）增强政府的协调能力

协调是政府管理的重要职能，传统政府治理困境的出现正是政府协调职能失效所导致的。一方面，日益多样化的社会发展需求与民众利益诉求要求政府协调机制更加具有灵活性、现代性、多样性，但是传统的政府治理所秉持的相对僵化的官僚体系致使政府协调过程中无法避免矛盾冲突。另一方面，现代社会的进步使得政府内部分工更加趋于专业化，机构组织体系的日益庞大使得政府内部各部门的协调存在着一定的时滞性与不协调。一系列问题致使传统政府的治理相对分散化与碎片化，政府协调职能无法顺利发挥。整体性治理视角则要求政府在治理过程中能够化解公私部门认知上的矛盾，提升政府的协调能力。

（2）提升政府的整合能力

协调与整合是政府整体性治理的两个重要关键点。协调致力于认识问题、达成共识；整合致力于解决问题、达成治理目标。本质上，整合以协调为基础，通过现代化的信息技术手段，以各方主体的一致性行动为目标，使政府的整合能力有所提升。

（3）加大公众的政府信任度

公私部门与政府机构内部良好的信任关系是保障政府整体性治理的前提与关键。传统的政府治理体制与现代发展方式难以相容，使其在进行政府治理的过程中出现低效甚至失灵的状况，公众对政府的信任度下降。而整体性治理以满足公众的整体需求为导向，通过现代化的管理体制机制，提升政府的治理效率，公众的政府信任度也随之提升。

（二）乡村人才振兴整体性治理的现实困境

1. 治理主体碎片化

"人"是乡村振兴中最重要的要素，也是乡村人才振兴中最关键的因素。乡村人才振兴不可避免地涉及多样化的治理主体，如政府、集体组织、村民个人、新农人、企业等。实际上各主体的利益诉求是不一致的，乡村人才振兴整体性治理的难点就在于需要满足多元主体的发展需求。从政府视角来看，政府一方面作为乡村人才振兴的引领者，要发挥好引领作用，但另一方面作为乡村人才的聚集区、服务区也具有相应的治理需求；从集体组织视角来看，以村委会为代表的集体组织在乡村治理中的管理职能逐步弱化，行政职能则愈加凸显，其权威性不足致使对乡村人才振兴"有心无力"；从村民个人视角而言，村民参与乡村振兴的积极性与主动性不足，这是因为受到其自身发展能力的限制。

2. 制度体系碎片化

广义的制度，是指经过实践发展，在政治、经济、文化、社会等方面形成的管理体系或管理规则。狭义的制度，是指组织所有成员共同遵守的具体的行为准则，如奖罚制度等。自乡村振兴战略正式提出以来，各地开始了广泛试点行动。乡村人才振兴作为乡村振兴战略中重要的一环，其在制度体系建设上仍然存在着一定程度的割裂性与碎片化，主要体现在两大方面。一方面，主要表现在正式制度体系建设上：在宏观治理制度体系上，乡村人才振兴并未出台宏观性调控管理政策，乡村人才振兴建设始终停留于概念层面；在各地区乡村人才振兴的微观建设上，各地区政府为更迅速地完成相应的建设工作出台了各具特色的人才制度体系，但是不同地区的制度体系难以兼容，存在着一定的"地域性"问题。另一方面，主要表现为非正式制度体系的建设上：城市与乡村一直作为中国社会的天平两端被比较，城市对人才具有巨大的虹吸效应，而当下乡村人才振兴一方面需要将当地农民转化，选择有能力有技术的农民将其发展成为乡村振兴的中坚队伍，另一方面需要吸引外来人才，但是乡村文化的吸引力不足、乡村人才振兴正式体制的不统一使得乡村人才振兴的非正式制度难以有效发挥作用。

3. 运行机制碎片化

机制，泛指一个工作系统的组织或部分之间相互作用的过程和方式，其本身是抽象的，需要借助政策、规划、方案、制度等形式体现。乡村人才振兴运行机制是保障乡村人才振兴政策及其制度顺利实施运转的关键。但是乡村人才振兴运行机制存在着一定的碎片化与割裂性，主要体现于：一是育人机制不健全。乡村人才振兴的育人机制主要是指乡村本土人才的培育计划，目的是将乡村本地人才转化为懂农业、爱农村的职业农民，但现阶段的育人机制面临着农民主体意识薄弱、传统宗族关系禁锢农民主体思想发展的问题，而且城乡发展水平的差距致使大量农村劳动力外流，农民对于农村发展的信心不足。基层民主参与有限。二是引人机制吸引力不足。引人机制所面对的主要人群大多是外来人才，但实际上针对外来人才的激励机制成效是有限的，一方面是因为激励机制本身的激励效果有限，不足以留人，另一方面，乡村的公共服务体系与城市相比仍然存在较大的差距，激励效应不足以抵消生活上的不便捷。三是用人保障机制平台建设不足。无论是将本地人才转化为职业农民，还是吸引外部人才，都需要后续建设相关的平台来推动其成长转型，但目前我国在乡村振兴平台建设上仍存在着较大缺陷，相应配套的资金、政策、环境建设都很难得到保证，人才在乡村进行创新创业存在着较大的风险。

4. 治理要素碎片化

乡村资源要素具有多元性，具体包括自然资源、空间资源、人文资源等。乡村人才振兴治理要素也呈现出多元化特征，但这在一定程度上导致了治理碎片化的现象：一是土地资源碎片化。土地资源碎片化主要是指目前的乡村大多还是以小农生产经营为主，土地资源整合不足，规模化的生产经营受限，致使其在进行大规模或创意性农业生产经营活动时功能发挥不足，无法体现现代农业的多功能特性。二是资金资源碎片化。资金资源碎片化主要是指目前财政涉农资金"撒胡椒面"的碎片化现象突出。一方面，尽管惠农政策多样化，但是真正用于乡村人才振兴的资金较少且效果有限，另一方面，中央、省、地方面对各地多样化发展的人才振兴项目，是依据自身意愿提供支持资金，并未形成规范化、标准化的资金拨付标准体系与监管体系，所以导致了乡村人才振兴资金使用杂乱无序，乡村人才振兴的长效治理机制无法形成。

5. 信息技术碎片化

信息技术的发展在一定程度上推动了整体性治理理论的出现。信息技术的发展对整体性治理及其运作方式有深刻影响，信息技术的进步使治理从部分走向整体，从分散走向集中，从碎片走向整合。信息技术为乡村人才振兴提供了技术保障，从引入人才到人才留用，信息技术都在发挥作用。从人才需求到人才供给的过程，信息不准确、不全面、不对称会影响决策的精准性、及时性和效果。

当前乡村信息技术发展的程度还落后于城市，在人才方面主要表现在：一是乡村人才数据库建设滞后且未形成层级的精细化管理。目前，大数据运用广泛，已在政府公共事业、互联网、电子商务中发挥关键作用。事实上，在乡村人才数据库完善基础上，大数据可以在人才识别、人才评价和考核上有广泛运用。当前，因为乡村人才数据库建设落后，要想发挥大数据分析的功能，还要在扩大数据基础、深挖数据联系以及提供人才分析等方面发力。二是政府部门间横向沟通不够，信息共享程度不高。在参与人才振兴的过程中，涉及的主体通常有党委组织部、乡村振兴局、农业农村厅、科技厅等，各个部门使用软件的开发方有差异，系统信息不兼容，彼此间的数据互通和共享程度不高。各部门对人才信息的掌握各有侧重，真实情况反馈受阻，信息资源浪费容易产生，人才的供需也容易错位。三是信息技术的运用范围不广，维护和更新不够。除了在人才数据上的运用，信息技术还可以运用到基础设施建设、社会化服务、人才培训过程中。信息技术所提供的智能便捷的服务更符合当前青年人才的需求。但是，重建设而轻维护的现象常出现，缺乏必要的维护和更新是不利于信息技术继续发挥作用的。

（三）整体性治理的政策启示

由于乡村振兴战略的提出，资源向乡村流入，为我国乡村发展带来了新契机。乡村振兴战略是一个系统工程，以往碎片化、单一化的治理已无法满足乡村振兴的需求，而整体性治理与乡村人才振兴在联合多元主体、实现多部门联动、达到公共效益最大化的目标上是契合的。针对当前乡村人才振兴出现的治理碎片化的障碍，我们需要从主体、制度体系、机制、资源要素、信息技术五个层面切入，整体、有效地实现乡村人才振兴。

1. 主体层面：联合多元主体，共建多元共治网络

整体性治理理念区别于传统的管理观念，不仅以政府为中心，还关注政府部门间、政府与外部公私部门间的联系，注重发挥社会力量和市场的辅助作用，让公共服务更具效率和质量，通过协调、整合的方式让参与的各个主体形成统

一的服务机制。当然，政府在资源整合，控制、协调公共服务中仍是占据中心地位的。因此，首先要坚持党和政府的主导地位。在党的层面，强调党管人才的原则，从宏观战略、制度、政策上做好布局和整合。在乡村人才振兴中做好乡村干部队伍建设，紧抓干部队伍的能力和作风建设，探索优秀高校毕业生到村任职、机关干部到村任职的方式，借助外来新生力量助推乡村人才振兴。在政府层面，作为乡村振兴的总负责方，政府应营造宽松、良好、和谐的社会环境，加强高质量的人才制度供给、消除现有制度机制的弊端，制定及时有效的政策，实现资源的优化配置。具体来说，政府应创新职业技术教育制度、职称评价制度等制度；提供良好的福利保障，尤其是在医疗、教育、户籍等方面；加强文化宣传，更新城乡观念，优化乡村创业就业环境，让人才下沉到农村；搭建多样平台，吸引资本下乡等。在农民层面，农民是有能力成为乡村人才振兴的主力军的。要把提高农民整体素质作为基础工程，促进农民整体素质的提高，为农民全面发展提供基础，同时推动农民转变观念，树立主体意识，自觉投入到乡村人才振兴建设活动中去。另外，对于外来人才，当地村民应给予充分尊重，营造良好的人文环境，帮助人才适应乡村环境并留下为乡村作贡献。社会组织、团体、企业等也是推动乡村人才振兴的重要主体，需要积极参与发挥协同管理作用，承担相应的社会责任。涉农高校是乡村人才培养的主渠道，可增设与乡村振兴新业态相匹配的涉农专业，支持订单和定向培养方式，承担乡级干部的培养任务等。企业可结合自己的发展规划，为人才培训提供实践基地，带动合作社、家庭农场发展。

2. 制度体系层面：建立健全乡村人才制度体系

制度能对人类的行为产生规范作用，也能为乡村人才振兴提供根本保障。整体性治理理论强调了制度化的重要作用，认为加强法律、宪法、管理三方面的制度建设能确保整体性治理责任的落实。综合学者研究，笔者认为乡村人才振兴一方面要打破原有制度的限制，加强高质量的制度供给，另一方面要有机融合正式制度和非正式制度，打破城乡二元结构、国家选拔性教育体制等，即从资源合理配置的全局出发，明确人才流动的目标，畅通城乡人才流动格局；既要抓乡村人才建设也要在建设城市人才队伍、人才结构优化等方面发力，城乡人才同时发力再合理流动才能实现人才的自由流动。对于制度保障，职称评价制度、社会保障制度、新型职业农民资格认定制度、人才考核评价制度是当前急需提供的。制度的供给需要发挥政府总领全局、协调多方的作用，也需要关注乡村真实的人才需求及所储备的人才数量与类型。因此，在做好核心制度供给的同时也需要完善相关配套制度。另外，在人才振兴中，"乡贤""新乡贤"的出现和引入正是中华传统文化中"落叶归根""见贤思齐、崇德向善"等思想和价值追求在发挥作用。从这个角度来谈，在制定正式制度时可充分参考非正式制度具有的持久性和潜移默化的特点，强化对乡村的认同感，发挥村规民约、传统文化、风俗习惯、家风家规的积极作用，增强人才对乡村的信任感，引导人才回流和吸引外来人才。

3. 机制层面：协调多种合作关系，促进系统机制构建

机制的含义较为抽象，是一种在经过检验，证明有效的基础上再加工、总结、提炼和理论化的用来指导实践的方式、方法，其中含有制度的因素，需要依靠多种方式、方法来起作用。当前，我国乡村人才振兴存在引进、培育、使用、管理、评价等环节的实践与思想认识脱节的问题，这一定程度上就源于人才振兴的系统机制不完善。因此，首先，解决好"乡村人才从哪儿来"的问题。一是完善乡村人才内部培育机制，从现有的人才中深挖潜在的人才资源，重视传统技艺人才、乡村治理人才。在对人才进行精准识别后再进行不定周期的培训，培训方式、培训内容和培训主体要根据人才类别进行调整、更新。二是完善乡村外部人才引进机制。重点紧盯本地户籍人才，鼓励外出的有影响力、发展成熟、文化素质较高的企业家、大学生、退役军人等下乡返乡创业。从提供优惠政策、搭建发展平台、简化行政审批流程、改善公共服务水平等方面共同发力，

吸引人才。其次，解决好"乡村怎样留住人才"的问题。一是完善乡村人才管理机制。根据人才分类对人才信息进行登记，颁发人才证书，建立乡村人才数据库。二是健全乡村人才评价机制。人才评价机制的建立要依据每类人才的特点，考虑人才类别在职称评价上的差异，制定一整套行之有效的评价制度。三是完善乡村人才保障机制。做好均衡城乡公共服务、提供创业补贴和风险防控服务、明晰权责与监管等几方面的工作。最后，解决"怎么使用乡村人才"的问题。制定专业人才、科技人才等类别的人才统筹使用制度，联合政府、高校、企业、社会组织等多元主体的力量，为乡村提供人力资源保障；供给项目、搭建平台为人才发展提供施展机会，使人才工作能力得以体现，成就感得以增强，从而更充分发挥人才的专业能力。

4. 资源要素层面：整合串联资源要素，发挥核心作用

乡村人才振兴中涉及的资源要素有信息、基础设施、资金、文化、环境、技术、政策、土地等，这些要素的合理、有效投入对人才的"引育用留"发挥着重要作用，但当前资源的碎片化投入，让原本该发挥出的经济效益、社会效益都大打折扣。因此在乡村人才振兴的过程中，促进城乡资源的流动是关键。城镇资源向乡村转移的过程较为复杂、矛盾，一是需要遵循市场经济规律和考虑我国对资源的宏观调控，让资源可持续流动。从宏观角度，财政资源要素优先，向"三农"的投入倾斜，从改善乡村基础设施做起，再到营造文化氛围，提升乡村的硬件和软件环境。加快户籍制度和产权制度改革，打破户籍、身份、土地及住房的限制。搭建城乡人才流通的平台，加强与外出人才的联系。二要正确处理好政府和乡村的关系，政府和乡村都要在守好自己职能边界的同时，相互合作，形成合力。政策性人才引进是一种方式，但还是要考虑到乡村真正的需求，供需匹配才有利于人才的可持续发展。乡村在深挖本地人才上也要投入时间与精力，充分利用情感因素对人才的牵引力。三是资源要素的投入要有所侧重，先流向重点区域、急需领域，再通过以点带面的形式，提高资源的流动效率。

区域间差异大，乡村人才需求各异、需求紧急程度也存在差异，在需求紧急程度相同的情况下，人才供给可优先考虑产业基础、社会治理、生态环境较好的乡村，人才得到锻炼后再向其他乡村流动。

5. 信息技术层面：打破主体信息壁垒，构建数据共享平台

正如英国学者登力维强调的，信息技术处在许多公共管理的中心位置，政府信息技术是现代化变革的中心。信息技术的发展，降低了信息获取的成本，使跨越组织界限沟通、交流和合作成为可能，信息共享也增进了组织间的了解，让整体性运行更加顺畅。因此，要想在信息技术方面实现人才振兴，一是发挥信息技术的优势，构建人才信息数据库。以国家对乡村人才的分类为标准，采取县（乡）一级调研填写，市一级汇总人才信息，省一级统一科学管理的方式建设乡村人才数据库并对人才进行科学层级管理。在建立各类乡村人才信息档案的基础上，配备紧缺性人才需求系统，两者相互匹配，以大数据分析为基础提供准确的人才供需信息。二是打破政府部门间的信息壁垒。政府部门间充分的信息整合、交流是必经过程，但首先要克服各个部门间系统开发的差异性。因此当统一的人才数据库建立后，各个部门要按照系统要求将信息统一接入，再根据部门要求进行动态管理。三是增加信息技术运用的场景。人才培养和培训需要紧跟信息技术发展，利用远程技术丰富培训的内容和培训方式，使培训内容不再仅限于与农相关；保证培训主体的专业性，让更多高知分子参与到培训中，提高培训的质量和水平；在为人才和乡村提供服务方面，利用网络社群、智能化的服务、简约的办事流程等，增加人才与乡村本地的交流，让人才融入到当地中去。

二、公平：强化乡村人才振兴的制度性供给体系

进入新时代，当前我国"三农"工作的重心是由脱贫攻坚到巩固脱贫攻坚成果与乡村振兴的有效衔接，再到现在的全面推进乡村振兴，既体现了我国从

顶层设计到具体政策落实的正确性、准确性和实事求是的能力,同时也深刻反映了当前农村工作的复杂性、矛盾性和艰巨性。其中,乡村人才问题尤其凸显。由于传统思想观念偏差、农业产业效益偏低、农村环境相对落后等原因,农村大量年轻人向城市流入,而城市人才却不愿进入乡村,形成了乡村人才引不进、留不住的社会现象,导致乡村人才匮乏,制约乡村振兴战略的实施。乡村振兴战略的实施,人才是根本。乡村人才振兴是五大振兴的支撑和重要内容,但人才振兴又是一个渐进、长期的过程,需要联合多方、协调资源、持续输出。因此,要实现乡村人才振兴需要做好顶层设计,加强高质量、有效的制度性供给。习近平总书记指出:"大国发展,规划先行。"当制度性供给作为组织权利被明确确认下来后,就可通过其内在的约束力、强制力为乡村人才振兴提供制度性的根本保障。

(一)制度性供给的理论阐释

1. 理论内涵

(1)制度

美国著名经济学家诺斯给出了制度的明确定义:"制度是一系列被制定出来的规则、守法程序和行为的道德伦理规范,提供了人类相互影响的框架,建立了构成一个社会,或更确切地说一种经济秩序的合作与竞争关系。"同时他认为制度更像是一种"博弈规则",是人类制定出来相互规制、约束的条件。诺斯在《经济史中的结构与变迁》中提出制度一般包含三个部分,分别为正式制度(法律、行为规范)、非正式制度(价值信念、伦理规范等)及实施制度(监督规则的实行情况的一套方法)。贾康在讨论"制度供给滞后"这一模型时提及,舒尔茨曾根据"制度是一组行为规则,它们的功用是提供某种约束和服务"这一认识,将制度分为四大类,四类都是应经济发展的某一需求产生的。简而言之,四类分别是在生产—流通—交换—消费过程中关于交易费用、配置风险、职能组织与收入流联系、生产与分配框架的制度。因此，从宏观来看，制度一般是指在一定的历史时期和社会范围内，要求社会成员共同遵守的，具有约束性、规范性、目的性的一系列行为准则或规章、法律和道德伦理的规范。

由于人类自身认知的局限性和在社会活动中常常表现出的自利性，制度的产生是为人类的行为构建外部框架，像是为了让不确定因素趋向于确定，让人们的行为具有可预测性。林毅夫认为制度有两个存在理由，一个是安全功能（确保合作、年老保障、应对风险），另一个是经济功能（外部效果的收益）。

（2）制度性供给

制度供给简单而言就是生产制度与制度运作，进而满足制度需求的过程。李松龄认为"制度供给就是为规范人们的行为而提供的法律、伦理或经济的准则或规则。"参考经济学中关于供给的概念："供给指在特定市场的一定时期内，与每一销售价格相对应，生产者愿意且能供应的商品数量。"制度供给可理解为：在特定社会历史环境中和一定时期内，制度供给主体（通常是国家）提供的制度的数量与质量的总和。它受到制度供给主体的知识结构、制定环境、生产技术水平、制定成本和收益等的影响。与制度供给相对的是制度需求，两者常是回应与被回应的关系。理想状态下，有效的制度供给就是对制度需求的及时回应，但通常制度需求并不能及时得到回应。制度供给与制度需求之间不均衡会引起制度变迁（又称为制度演变）。如当制度供给无法满足制度需求时，制度失衡就会出现，从而引起制度变迁。一般在探讨制度变迁时，不会将两者做有意的分离。因为制度变迁是在两者的相互影响下产生的。从这个角度来看，制度供给是一个动态的过程，一方面需要维持现有制度的常规运行，让人们的行为具有稳定性；另一方面，需要对制度进行创新以符合制度需求，让人们的行为向着利益最大化、社会认知或者预期发展。

"制度性供给"的首次提出是在 2017 年的中央农村工作会议上。此次会议主要围绕实施乡村振兴战略开展，对"大力推进体制机制创新"和"强化乡村振兴制度性供给"作了重要强调。"强化乡村振兴制度性供给"的提出，说明制度性的障碍仍存在，它制约着农村、农业、农民的发展。乡村振兴的制度性供给要紧扣农村改革，从农村基本经营制度、农村集体经济产权制度、农村承包地确权登记颁证、城乡资源要素流动等方面突破和发力。从人才振兴角度看，制度性供给需要围绕乡村人才的规划、培养、选拔、引进、管理、激励等方面开展。

2. 制度性供给的目标

制度供给的目标是追求制度的预期获利能力。通俗来说，就是追求自身（国家、个人、集体等）利益最大化，包括政治利益、经济利益最大化。其中，利益的分配（或说利益平衡）又至关重要。早年我国在产权制度改革时提出"政企分开"就是来平衡所涉及的个人、企业、国家三者的关系。当前推行的乡村振兴战略，就要求"完善紧密型利益联结机制"，以农民为中心将增值收益留在农村。人才振兴作为乡村振兴全面推进的关键，需要克服人才外流、素质偏低、总（供）量不足等问题，要以人才为中心，将资源引向乡村，让所产生的收益留在乡村，从而确保国家向社会主义现代化强国前进。

3. 相关主体

从科斯到拉坦再到诺斯，新制度经济学的研究重点、内容、方法、视角不断趋于完善。新制度经济学中制度供给的主体也随着研究的深入有所拓展，由最初的国家发展到个体和集体，再到现在的企业、居民个人、第三部门。新制度经济学在我国有了更进一步的发展，林毅夫、李稻葵、杨瑞龙等学者在结合中国各阶段时代特征后都对制度供给、制度变迁有了新的认识。其中，袁庆明认为制度供给的主体可以是政府、一个阶级、一个企业或别的组织，又或者是团体、个人，但最重要的是政府。

一是国家。诺斯运用"制度—认知"的范式对制度变迁进行分析时，提出制度供给需要由供给主体来进行，而供给主体的认知水平、社会意识文化形态、个人偏好等因素又会对制度供给及制度变迁产生影响。考虑到人类个体的自利性、知识局限性以及不可避免的"搭便车"行为，诺斯将国家看作是制度供给的主要主体。在中国，林毅夫等学者在充分考虑中国的行政特点、传统文化对人行为的影响后将制度供给科学地分成强制性供给与诱致性供给。强制性供给是指由公权力主体通过颁布具有强制性、权威性的政府命令、法律等来实行的供给，是一种自上而下的供给方式，国家权力在其中扮演着重要作用。我国是单一制国家，国家权力向上集中，中央政府具有最高的政治权威，是制度供给的主要制定者及直接供给者。政府又包括中央政府及地方政府。在实施乡村振兴战略过程中，中央政府制定了《乡村振兴战略规划（2018—2022年》，印发了《关于加快推进乡村人才振兴的意见》。地方政府在不与中央政府规定、政策、制度相抵触的情况下，结合本省的实际情况后可制定适合地方的政策、规划。在乡村人才振兴方面，山东省制定了《山东省推动乡村人才振兴工作方案》《推进乡村人才振兴若干措施》；浙江省台州市出台了《关于促进乡贤助力乡村振兴的实施意见》。

二是个人或集体。随着制度供给理论的不断完善，新制度经济学对制度供给的研究转向了以个人为主体，个人在制度供给中的主体地位逐渐确立，私人产权制度在制度创新中发挥的作用得到重视，自下而上的制度供给得到肯定。这种自下而上的供给方式属于诱致性供给。与国外相比，国内的研究更重视国家和集体在制度供给中的作用，但并不否定个人利益在推动制度变迁中的作用。

纵观改革开放的四十余年历史，我国的制度供给虽受到制度需求的影响，但其侧重点还是放在制度供给一端，制度更多由政府提供并依靠政府的能力制定和执行。

4. 乡村人才振兴制度性供给遵循的原则

乡村人才振兴的制度性供给是一个长期、稳定、多方位、全面的制度制定和实施的过程。结合着制度供给与需求的理论看，乡村人才振兴的制度需要考虑制度实施的环境、主体、目标，同时为了保证人才振兴制度供给与需求的相对均衡，在供给制度时仍需遵循立足乡村、以农民为中心、可持续的基本原则，从而使乡村人才振兴的制度性供给体现出能够高效整合与配置资源、协调各种利益关系和激发乡村内生动力和活力的要求。

（1）立足乡村原则

乡村振兴战略是接续脱贫攻坚战略的又一重大战略，是在我国经济、政治、文化等都发生重大变革的背景下提出，以期通过高质量发展实现人民对美好生活的需求。乡村人才振兴是乡村振兴战略的关键环节，在城乡资源配置、乡村产业发展、乡村文化振兴等方面发挥重要作用。乡村人才振兴不是与城市争夺人力资源，而是要实现城乡人力资源的有效配置和合理流动。因此，乡村人才振兴的制度供给需要结合乡村特点、尊重乡村发展规律和考虑乡村需求。乡村人才振兴制度的供给可以适当借鉴国外人才制度供给的经验与思路，最主要还是要以我国乡村的基本情况为根本，结合着乡村发展需求要点和客观规律探索出一套乡村人才振兴的制度供给体系。

（2）以农民为中心原则

乡村振兴战略提出的实质说到底还是要妥善解决农民的问题。乡村人才振兴从主体层面来看，振兴的人才既包含本土人才，也有外来人才。合理处理好本土人才和外来人才的关系也是乡村人才振兴中的重要环节。在自上而下的制度供给中，政府作为主要的供给主体，本土农民是制度供给的客体，需要承受制度供给后产生的任何影响。若制度供给脱离了农村、农业、农民，就会出现制度供给与现实制度需求不匹配的情况。若人才供给缺乏对两者关系的考虑，忽视了农民的需求，就会影响乡村本土和外来人才生态稳定，不利于乡村人才振兴的实现。因此，乡村人才振兴要以农民为中心，尊重农民的意见，保障农民的根本利益。

（3）可持续性原则

乡村人才振兴制度供给涉及多方，从制度制定到供给客体，其间涉及面广，面临复杂的利益关系、多变的客观环境。从制度提供的大环境来看，乡村人才制度的供给受制于城乡二元制结构、产权制度等历史因素和现实问题。人才制度供给不是一蹴而就的，而是一个长期的、循序渐进的过程，需结合时代特征、乡村特性及未来人类需求综合考虑。制度的提供要以"稳"为前提，稳固农业、稳定农村、稳住农民。在制度供给的过程中，逐渐平衡供给过剩和供给短缺的问题，减少不必要的资源浪费。因此，乡村人才制度的供给需要遵守具有延续性和循序渐进含义的可持续性原则。

（二）乡村人才振兴的制度性供给瓶颈

1. 制度供给环境复杂，制度间存在相互牵制

（1）国家选拔性教育考试制度的偏向

我国教育考试制度从功能角度可以分为选拔性教育考试制度和水平性教育考试制度。选拔性教育考试制度在选拔优秀人才，保证教育公平、制度的竞争性、制度环境稳定等方面发挥了重要作用，但选拔性教育考试制度所选取的人才因为前期人才教育所投入的成本过高，更多选择在有利于自己发展、获得高收益的城市工作。根据相关调研数据，当前越来越多的优秀乡村青年通过考试"离土离乡"，造成优秀乡村青年向外流失，留下的当地人才不足以支撑乡村发展的现象。尽管当前的措施已在发挥吸引乡村人才回流的作用，但效果仍不明显。选拔性教育考试制度下的思想观念一时难以改变，解决乡村人才匮乏问题仍是一个漫长的过程。

（2）城乡二元结构的限制

城乡二元结构的存在使得城乡在资源配置上形成制度性屏障。自改革开放以来，虽一直在进行改革，但因涉及主体、利益等复杂因素影响，改革效果不明显，城乡二元结构仍相对稳定，这无形中成为了乡村振兴推进的制度性阻碍。其中的城乡二元户籍制度对乡村人才振兴的影响尤为明显，城乡间的资源要素自由流动受限，由此形成了城乡在资源投入、要素市场上的不平等。一方面，城市资源优先和集中投入，致使乡村在经济发展、基础设施、公共服务、社会保障上与城市存在巨大差距。资本优先在城市投入和资本要素难以流动造成乡

村资源无法转为资金,产生资源浪费。城乡间的巨大差异,让新时代的青年更愿意留在服务完备、制度体系健全的城市,而不愿意返乡。另一方面,从制度成本来看,城乡间的差异也造成了提供制度时的高成本,从而放缓和影响了制度供给的进度。

(3)农村土地制度配套措施不足

土地对于"三农"的重要性不言而喻。土地制度是否完善关乎"三农"领域的其他各类主体及其之间的关系能否协调发展。随着城镇化的发展和乡村振兴战略向纵深推进,我国的农业生产经营方式发生改变,对土地制度的需求出现新变化。当前我国的土地制度与乡村振兴战略的五类振兴都有密切关系。土地制度的供给一般要包含农村宅基地、设施农业用地等制度,在乡村人才振兴中表现为吸引和留住人才时提供住房保障、为产业发展提供土地基础等。当土地制度不够完善时,资源自由流动渠道就会受阻,资源配置就不够合理,制约了乡村产业的发展,进而就不利于乡村人才的培育。

2.部分制度供给短缺,制度"合力"难形成

(1)乡村人才发展的激励机制不健全

激励机制的存在能够让乡村人才在乡村振兴中拥有活力、持续发力。由于城乡间的差距,城市对人才的吸引力一直存在,在乡村就业的青年人才仍希望有返回城市的渠道,乡村人才引入并不够稳定。原因在于:一是在给予的激励措施中,培训、认定和上升机制还处在起步阶段,各类乡村人才的评价标准仍与城市相同,并不能与实际结合,无法调动乡村人才的积极性;二是激励措施偏向于保健措施而忽视了精神、思想方面的措施。

(2)乡村人才的保障机制不完善

完善社会保障体系、提供优质高效的服务是乡村人才振兴的坚实后盾。乡村社会保障体系不完善会影响到乡村人才资源的留存。乡村人才的保障机制应该为乡村人才在乡村生活、发展提供信心,因此乡村人才的保障机制应该具备

延续性。而当前乡村基础设施建设、环境卫生、养老、教育、住房等与城市还存在差距，不足以满足新时代乡村人才对美好生活的需求，导致乡村人才回流到城市。当人才保障机制缺乏或者不能满足人才需求时，要想实现乡村人才振兴就更加困难。

（3）乡村就业创业环境仍待改善

乡村产业发展是推动乡村人才振兴的重要方式。引导返乡人才创业在凝聚资源、吸引人才上发挥着重要作用。"十三五"期间，为改善乡村创业就业环境，国家在税收、工商登记、财政支持、金融服务方面给予了支持，使得返乡创业人员有所增加。但因乡村产业根植于农业，创业风险较大以及基础设施、综合服务落后，市场开发程度低等因素影响，乡村创业环境一直不够成熟，还存在要素市场支持力度不够、市场需求小、政策不完善等短板。创业吸引力的减少和不可持续让人才回流、吸引人才变得艰难。

3. 制度供给方式存在路径依赖，制度差异化不明显

（1）人才制度供给方式单一

从制度供给主体来看，制度供给的方式可以由政府（中央政府和地方政府）由上到下的供给，也可以问策于民，由个人或集体等采用自下而上的方式供给。纵观我国经济发展的历程，我国的制度性供给基本由国家出台并保证执行。由上而下的制度供给在权威性、约束力上确实有巨大优势，但难免会因制度制定成本，制度供给者知识文化素质、意识形态及对"三农"实际情况不了解等因素影响而出现制度供给与需求不匹配，不利于乡村人才振兴的情况。在其他学者的研究中就提及：虽然乡村振兴战略规划已规划到2050年，但基层缺乏与之相匹配的乡村人才制度。因此，人才制度供给要加强调研与总结，提供乡村人才真正适用和需要的制度。

（2）未差异化制定人才政策

我国是幅员辽阔、人口众多的国家，区域之间在经济水平、发展阶段、文

化素质等方面存在差异。自上而下提供的普适性的制度难免兼顾不到特殊区域，在其他学者的调研中就提出：某一乡村由于是工业型的乡村，发展水平较高，其在人才需求上就偏向于资本性质的人才，在留住人才待遇上偏向于激励性措施，注重人文关怀；而有些村庄因培植与种植业相关的特色产业更需要经营、管理类人才；民族地区则由于历史文化、语言、环境的特殊性在人才的引进上会有特定要求，使用其他地区施行的制度就会出现不适用的问题。因此，人才振兴制度供给要在尊重区域差异的基础上，给予地方一定权限去细化出更适宜当地发展的政策，尽可能避免"一刀切"现象产生。

（三）强化乡村人才振兴的制度体系

乡村人才振兴是一个系统、漫长的过程，需要的制度供给也将是成体系的，核心和配套制度之间的相辅相成才能增强制度产生的效果。我国学者邓大才在研究我国乡村经济制度变迁时将提供的制度分为核心制度和配套制度，认为两者是相辅相成的。若只关注核心制度而忽略配套制度，核心制度所产生的效果、实施的效率将有所下降，核心制度的演变也会被推迟。同理，若缺乏必要的核心制度，配套制度的作用将会呈递减状态。

乡村人才振兴需要联结多方，共同发力。乡村是人才的需求方，人才本身是供给方，政府更像是人才引进过程中的"中介"。提供人才振兴制度时，需关注乡村的真正需求、人才本身的能力和政府在人才振兴时可以提供的政策支撑，三者协作更能制定出可持续发力的制度。体制机制的构建、平台搭建以及人员编制、职称评审、考核评价、激励措施、薪酬福利等都能成为人才振兴的关键点，而制度的供给为人才振兴提供保障。综合多位学者的研究与乡村实际情况，笔者认为做好乡村人才的"引育用留"工作至少需要提供以下几个基本制度。

1. 乡村人才储备制度

一是建立不同等级（国家、省、乡）的乡村人才数据库。数据资源已成为当今社会发展的重要资源要素，同时乡村人才又表现出一定的稀缺性，实现两者的有机结合和互动有利于人才资源的发掘和充分利用。各级政府应根据《关于加快推进乡村人才振兴的意见》对乡村人才进行分类并结合实际调研结果，摸清乡村人才的分布、类型、数量、能力及特点。对现有的经济能人、群团组织负责人、返乡大学生、有群众基础的几类人做好重点排查和管理，同时做好挖掘传统技艺和文化人才的工作。二是制定人才需求清单。由于区域间的乡村在产业、基础设施、教育等多方面存在差异，各村的人才需求也各有侧重。因此，村一级要准确表达对人才的类型、数量、专业要求及需求紧急程度等情况，对于急需的人才，县一级政府需优先考虑。三是定期推送、比对人才供需信息。将乡村人才信息数据库数据和人才需求相匹配，加快人才的合理流动，提高人才资源的配置效率。

2. 乡村人才柔性引才制度

人才引进是乡村人才振兴的起点。当前乡村在人才引进上的劣势相较于城市是明显的，需要打破户籍和身份限制、补足基本设施与服务和调整人事关系。乡村引进人才仅靠正式制度和传统渠道是不够的，倡导科学的柔性引才能够更有针对性地、灵活地引入所需人才。柔性引才的一般方式有聘请咨询顾问，由咨询顾问给予思想、技术上的指导或服务；兼职聘用，外来人才在特定时间内为签约乡村提供自身能力范围内的服务；开展项目合作，外来人才以科研、项目推广、创业等方式提供智力支持。在柔性引才的过程中，应避免过分渲染高金钱回报的氛围，要充分展示对人才的尊重，给予人才成就感、有利于职业发展的机会，让社会责任感、个人情感在参与乡村振兴过程发挥促进作用。

3. 分类分层人才培训制度

人才引入为乡村发展注入了新鲜血液，人才培育也是人才振兴中的重要环节。乡村人才的培育面临着人才类型多样、知识水平及素质参差不齐和数量庞大而又相对分散的培训情形，因此乡村人才培育要分层、分类、分阶段推进。

对于扎根乡村有着丰富农业生产经验的"老农",侧重于提高其素质水平与能力,借助现有的农民学校、农业夜校,邀请"三农"领域的专家丰富其理论知识,对村内现有的带头人、村干部、种养殖大户等进行现场教学与田间实践。对于返乡创业,投身乡村建设的"新农",依托本级政府所有的平台和农业类高校中的农民培训工程,对其进行从生产、经营、管理、服务、技术等方面的系统培训。对于接受过农业院校教育,有专业技能的"知农",以科研课题、项目为支撑为其提供理论与实践的平台,邀请"土专家""田秀才"讲解乡村文化知识和实际操作过程,让"知农"能"懂农",再融入乡村。在人才培养方式上,可与农业类院校、科研院所签订人才培养的订单,定向培养或委托培养。当前建设科技小院就是一种很好的方式。

4."三农"特岗生制度

乡村人才的培养除了向外借力,也要充分考虑乡村自身已有的优秀农村青年。在新的环境中,乡村人才振兴可借鉴教师人才引进中的"特岗生"计划,创新出"三农"特岗生制度。在教育人才吸引方面,我国通过"三支一扶""公费师范生""特岗计划"等专项计划在短时间内培养、吸引了大批优秀师资,有效地补充了乡村中小学师资队伍,教师"特岗生"的实践已充分证明了"特岗生"培育选拔机制在集聚乡村人才上的可行性。该制度需要政府、高校、家长、学生共同合力完成。政府结合乡村人才需求清单制定人才规划,细化关于培养的政策、宣传方式以及与高校和科研院所做好协调和对接。一般可以采用定向培养和委托培养方式,定向培养所产生的费用由国家统一划拨。高校在录取时可适当降低录取分数线,也可给予有意向且优秀的乡村学生保送机会或者涉农专业学生优先录取的资格,竭力帮助培养符合"三农"发展要求的学生。在招聘过程中,给予一定比例岗位优先招聘"三农"特岗生,要求其回原籍参加工作,服务期满后可任其自由选择相匹配岗位,对于仍从事"三农"工作的人才给予奖励。

5."乡振"特派员制度

科技特派员制度源自 1999 年的福建"南平经验",经过各地的探索,逐渐形成了创业带动、公益性服务、中介服务等几种模式。科技特派员制度具有统筹城乡发展的功能,核心是加快农业从资源依赖转向科技支撑。科技特派员制度作为基层"三农"工作的机制创新,在促进人才下沉、科技下乡,助力产业发展上发挥了重要作用。清华大学胡钰教授与江西省景德镇市浮梁县开展合作并实践后,提出"乡创"特派员这一制度。胡教授认为,在外来人才与当地难融入、治理方面人才和制度保障缺乏的困难下,"乡创"特派员制度具有一定的必要性。"乡创"特派员制度中的"乡创"一般指创新创业人才,特派员分为个人特派员和团体特派员,"乡创"特派员的任务是将乡村文化和特色资源效用最大化,助力产业振兴、乡村治理,助推乡村振兴。鉴于学者的研究及实践效果,笔者提出建立"乡振"特派员制度。"乡振"特派员制度的建立需要明晰组织管理方式,由组织部负责人才的管理与考核;明确特派员的权责并分类,在分类的基础上再细分责任,由省、市、县三级政府给予特派员资源(财政、项目、职称等)上的支持。特派员制度作为一种创新性探索,在政策制定时需要充分考虑实际需求,真正发挥其核心作用。

6.人才下乡返乡创业风险防控制度

产业发展是乡村振兴的重要经济基础,乡村产业发展也是凝聚人才的重要途径。自创新、创业政策执行以来,各地都有大量的农民工、大学生返乡创业,带动资本流向农村。但因为农业本身的弱质性,农业投资回报周期长、投资大、风险高的特点,社会化服务不健全以及政府支持政策不稳定等因素,下乡创新创业的人才因产业发展受阻而逐渐流失。因此,为了留住人才需要建立下乡返乡创业风险防控制度,实现产业和人才振兴的良性循环。具体措施有以下几点:一是在开展创业活动之前,创业者和政府需要对创业项目产业发展前景、与产业政策的适配度等进行评估,当风险过高时就适当调整方向。二是加大对与农业种植业相关创业的补贴及政策支持力度。将有特色且形成品牌的产品纳入保险范围，为已产生带动效果的创业项目设立创业投资专项资金，所需投入资金由多级政府共担。三是优化农村创业环境和完善乡村社会服务体系。从土地流转、基础设施建设，到技术指导、平台建设，再到品牌推广等，政府都提供优质便利的服务，利用多种形式的政策组合降低创业风险，减少人才外流。

7. 乡村人才评价奖励制度

人才评价与奖励是人力资源开发过程中的基础和关键。我国的人才评价制度建设经过不断的探索和发展已取得了突破性的进步，但乡村人才的评价奖励制度仍属于探索阶段。正因如此，乡村人才常出现职业荣誉感、成就感和归属感不足的问题，对于保障人才权益、留住人才都产生了不利影响，乡村人才评价奖励制度的供给迫在眉睫。总的来说，乡村人才评价要结合人才类型、人才发展阶段和规律、职业技能特点，在考核时要注重能力和实绩的结合。从宏观来看，一是完善乡村人才评价法规体系建设，包含意见（暂行规定）、管理方法、实施细则三个层面。二是加快乡村人才评价中介机构的选择及管理制度建设，完成从机构选择到后续的人才评价流程、标准、管理、监督等制度的细化。三是推进乡村评价人员的资格认证及乡村人才评价后颁证制度建设。评价主体职业化有利于人才评价的专业化和体系化，更科学、标准，符合实际所需。人才被评价或者认定后收获证书也可强化职业信念，增强荣誉感。四是加快乡村人才数据库建设，在数据共享的基础上，为人才储备、评价、管理提供数据支持。五是健全人才奖励激励机制和退出（降级）机制。奖惩结果与评价结果挂钩，表现优异者获得额外奖励，表现不符规定者降级或者退出，以此保证人才队伍素质水平。

三、效率：优化乡村人才振兴的资源性统筹内容

（一）理论依据

1. 理论内涵

（1）资源

资源是物质发展的基础，资源对于促进乡村人才振兴具有重要的推动作用。"资源"是指一国或一定地区内拥有的物力、财力、人力等各种物质要素的总称，一般分为自然资源和社会资源两大类。从自然资源的角度来说，乡村人才振兴的资源包含土地资源、矿产资源、森林资源、气候资源、生物资源、水资源等乡村本土资源；从社会资源的角度来说，乡村人才振兴的资源包含人力资源、信息资源、科技资源、基础设施资源、资金资源、文化资源以及经过劳动创造的各种物质财富资源。

资源经济学作为研究资源经济问题的学科，提出"资源具有稀缺性"这一重要的观点。这种稀缺性指由资源的自然有限性所引起的在经济领域只有通过竞争才能取得和使用资源的一种状态，其主要表现就是资源价格的存在。正是由于资源具有稀缺性这一本质特征，其在配置的过程中往往会出现市场失灵与政府失灵的问题。所谓市场失灵，是指市场这只看不见的手无法有效地配置商品和劳务；所谓政府失灵，是指行政配置资源虽然在某种程度上能够解决市场失灵所导致的低效率的问题，但是也可能存在着决策失误所导致的低效率的情况。

（2）效率

"公平与效率"常常置于一起进行研究，与公平相比，效率是一个更偏向于经济学领域的概念。所谓效率，就是指如何实现有限资源的最优配置和充分利用；乡村人才振兴领域的效率问题，就是指如何有效利用可支配的资源促进达成人才振兴的目的。效率高低的判断问题可以从两个方面着手。一方面，效率常常是可以衡量的，主要可分为投入产出、资源配置、技术进步几大层面。

有效率的投入产出状态是能够以较少的资源价值投入实现较大的产出的状态；有效率的资源配置状态是能够通过合理的资源配置达成区域福利最大化的状态；有效率的技术进步状态是指能够通过技术进步推动结果改进的状态。另一方面，从价值判断的角度而言，有效率的发展模式能够与经济社会制度相容，且具有较高的社会认可度和接受度，否则就是无效率或者低效率的。

（3）资源性统筹

通俗意义上，统筹就是通盘筹划，技术角度上的统筹是通过量化的方式进行测算，社会发展模式中的资源统筹研究大多从价值判断的角度进行。当下从资源统筹视角来探索乡村人才振兴发展的研究还较少，学者们大多集中于从资源统筹视角来研究城乡融合发展程度，如刘升勤认为城镇化中的"资源统筹"是指全面协调利用城乡发展资源，不断推进城乡一体化，更好地发挥工业化、城市化、市场化对"三农"的带动能力。研究资源统筹不得不提及资源配置，因为资源统筹与资源配置是相互联系的，两者是统一、动态的发展过程。资源配置实际上是指生产要素资源的分配，乡村人才振兴中的资源配置就是指构建起促进人才振兴的自然资源与社会资源的分配机制，而资源统筹则是资源配置的前提与基础，资源有效配置则是资源统筹的目的。

资源性统筹与资源统筹的概念相似，但是资源性统筹与资源统筹相比所涉及的范围更广泛。资源性统筹不仅仅局限于自然资源、社会资源，而是包含一切能够推动乡村人才振兴的资源，模糊了资源内涵与资源占有主体的边界。资源性统筹是实现乡村人才振兴的关键路径和核心方式。

2. 目标

资源性统筹最终发展目标是要利用好区域内的一切资源要素，有针对性地进行结构组合与重组，高度聚集区域内的资源要素，高效开发当地的人力资本潜力，助力乡村振兴。

3. 主体诉求

乡村人才振兴工作的顺利开展需要多元主体进行协同治理，其治理是由政府、企业、社会组织、农民等利益相关者合作发力，以较为正式的方式作出决策，满足自身发展需求，并承担相应责任的过程。

（1）政府

政府作为乡村人才振兴工作的主要引领者与推动者，也是乡村人才振兴的主力军，其有着优化政府职能、打造服务型政府的特殊需要。正因政府在乡村人才振兴建设工作有着不可动摇的主导地位，就更需要承担好保障体制机制建设与公共服务供给的工作。所谓优化政府职能，就是指政府在进行乡村人才振兴工作的过程中需要提升相关的工作职能，并且精准明确地进行政策输出，实时解决乡村人才振兴过程中所出现的问题，提升政府对于乡村人才振兴的科学决策能力、综合治理能力、应急管理能力等。所谓打造服务型政府的特殊需要，即指乡镇政府作为实施乡村人才振兴的直接管理部门，其管理能力的提升是乡村人才振兴工作顺利进行的关键。2017年中共中央办公厅、国务院办公厅联合发布的《关于加强乡镇政府服务能力建设的意见》明确指出，要"主动适应经济社会发展新要求和人民群众新期待，准确把握实现基本公共服务均等化的发展方向，以增强乡镇干部宗旨意识为关键，以强化乡镇政府服务功能为重点，以优化服务资源配置为手段，以创新服务供给方式为途径，有效提升乡镇政府服务水平，切实增强人民群众的获得感和幸福感"。

（2）企业

企业是乡村人才振兴的重要发展平台。一方面，企业作为国民经济的基本单元和重要主体，在乡村人才振兴中的功能发挥作用突出，其能够带动农业产业深度交叉融合、引导小农户对接市场；另一方面，企业是乡村人才振兴的重要带动力量，起到桥梁作用，其不仅能够衔接政府与市场、修正政府职能缺失与市场失灵的问题，同时也能够将农民、新型农业经营主体与市场相对接，扩宽农产品市场，避免信息不对称所导致的逆向选择与道德风险等问题。企业主体自身发展立足于"经济人"的假设，以获利为生产经营的主要目的，所以对于稳定的市场机制、专业化的人才队伍体系、支撑性政策等具有较强的需求。

（3）新型农业经营主体

新型农业经营主体理念在党的十八大中正式提出，报告指出"培育新型经营主体，发展多种形式规模经营，构建集约化、专业化、组织化、社会化相结合的新型农业经营体系"。新型农业经营主体是相对于传统农业经营模式的发展而言的，其实际上是一种生产规模较大、集约化程度较高、与市场结合度较高、具有较强专业性的农业经营组织。主要包括专业大户、农民专业合作社、家庭农场、农业龙头企业四类经营主体。专业大户与传统小农户相比，其具有较强的专业性与较大的生产经营规模；家庭农场是以家庭为单位进行农业生产经营活动，规模化、集约化、专业化程度较高；农民专业合作社是从事相同品类农产品生产的生产者在资源的基础上成立的农业互助组织，能够有效提高农产品的市场竞争力；农业龙头企业是指农业生产、加工、营销一体化的企业，在农业行业中具有较强的号召力与影响力。作为与现代农业农村发展模式相适应的新型农业经营主体，其在发展过程中需要完善的管理机制、有力的支撑政策以及相应的符合其发展需求的利益机制。

（4）农民

农民是乡村振兴的主体。乡村振兴战略的总要求是要达成"产业兴旺、生态宜居、乡风文明、治理有效、生活富裕"的发展状态。乡村人才振兴作为乡村振兴战略的一部分，其主体作用主要体现于两个方面。一方面，乡村人才振兴离不开新型职业农民的带动和小农户的创新实践；另一方面，实施乡村人才振兴战略就是要达成缩短城乡差距、乡村有效治理、改善农民生活面貌、提高农民生活水平的根本目标。所以乡村人才振兴归根结底就是要寻求人的全面发展、农民的全面发展。

（5）集体组织

如合作社等集体组织是乡村振兴的重要主体。集体组织常与乡镇集体产业相联系，集体产业是带动农民增收、促进乡村产业兴旺的重要因素。发展较好的集体组织对于乡村人才振兴具有重要的推动作用，同时其发展也依赖于乡村人才。集体产业的发展不得不依赖于三方面人才：首先，具有较高企业或产业经营管理才能的人才致力于集体产业的长期发展规划；其次，具有资深产业产品技术的人员致力于产业链延伸与产品创新；最后，专业化程度较高的营销团队将集体产业所生产的产品销售出去，使其在产品市场上具有较强的竞争力。

（二）乡村人才振兴资源性统筹的现实困境

1. 资源要素供给复杂多元

乡村人才振兴的最终发展目标是乡村振兴，乡村人才振兴是乡村振兴的关键点，更是乡村振兴的重要落脚点。乡村振兴要求要改变乡村发展现状，更多的人才汇集于乡村，从而形成"城市—乡村"两层职能发挥体系。但是现阶段城乡二元化发展体系在很大程度上决定了乡村人才供给资源统筹的复杂性与多元化。

乡村人才振兴关键点在人才，吸引人才、留住人才所涉及的制度体系相当复杂，一方面，为了增强乡村的吸引力，必须要进行保健性资源统筹，如推进基本公共服务均等化，解决城乡之间基本公共服务供给不均衡的问题，大力推进教育、医疗、社会保障、基础设施、交通等方面的建设，使人才在乡村能够有优良的生活环境与发展条件。另一方面，所谓人才，即指具有一定的专业知识或者专业技能，能够进行创造性劳动并对社会作出贡献的人。乡村人才振兴要吸引人才、留住人才，必须使得人才对乡村生产生活具有强烈的社会认同感与成就感，所以激励性资源统筹是不可或缺的，如资金支持、职称体系评价等方面的建设必须落实。因此，乡村人才振兴所面临的复杂多元的资源供给统筹体系建设是目前最需解决的一大问题。

2. 资源统筹力度不够

统筹乡村人才振兴资源对于构建乡村人才振兴治理体系、提高乡村治理效率具有重要的推动作用。当下乡村人才振兴的资源统筹在一定程度上仍然存在着割裂性。首先，乡村人才振兴战略对于乡村发展具有强烈的指导意义，但是在乡村人才的培育、引进、管理、评价、服务、使用等环节仍然存在着思想指导与实践相脱节的情况。其次，各地政府为推动乡村人才振兴开展较多的创新性政策，但是这些政策具有较强的根植性，在其他地方并不能够有效实施，实际上这种过于分散碎片化的创新政策显现出乡村人才振兴推动中的系统性不足。有效率的乡村人才振兴战略是系统性、针对性并存的，其既能够因地制宜、因事制宜，对不同类型的人才采取针对性的扶持政策，同时也具有本质的核心运营机制，使这种机制能够克服水土不服的问题，具有一以贯之、适应性强的特征。最后，乡村人才振兴最终发展目标是要达成乡村振兴，但是目前的乡村人才机制对于实现乡村振兴目标的效率不足，当下的人才机制并不能够有效发挥人才力量。

3. 各方主体参与性不足

政府、企业、新型农业经营主体、农民等是乡村人才振兴的几大主体，有效率的资源配置方式是各方主体各司其职共同参与治理发展，力图达成各方主体共同的帕累托最优状态。实际上，当前的乡村人才振兴中各方主体的参与出现了失衡的状态。政府主体在进行乡村人才振兴治理活动时需要经历一个角色转变的过程，由前期的引导者转变为后期的监督者，但在实际实施过程中却出现了政府一力扶持、各方主体参与意识不足的问题。总体而言，当下的乡村人才振兴还处于初级阶段，所以政府的引导极其重要，在这一发展阶段中，企业、新型农业经营主体、农民三方主体都处于被引导者的位置。但这一阶段的政府引导或主导并不意味着其他参与主体"不参与"，而是要逐步构建起发挥各方力量的机制，如企业在这一阶段就需要抓住乡村人才振兴的发展机遇，探索如何在这一大背景下实现农业现代化、规模化、集约化生产，拓展生产的价值链、产业链等，有效融入发展潮流；新型农业经营主体在这一阶段就需要利用好政府的扶持政策，明确自身独特的发展优势，不断壮大自身的发展力量，有效占据农业市场；农民作为主要的乡村建设者，在这一阶段需要乘势而上，注重自身竞争力的提升，不断转换自身社会身份，改善自身生活水平。当下的乡村人才振兴需要各方主体在各司其职的前提下不懈合作，但是当下的状况是各方主体各司其职但合作紧密度不足。

4. 资源统筹方式单一化

乡村人才振兴的资源统筹方式决定了资源配置是否具有效率。当下乡村人才振兴的资源统筹方式是自上而下的，即由中央政府制定乡村人才振兴资源统筹的发展框架、发展目标，由省政府根据各省份自身的发展状况，在与中央政府的发展方向不矛盾的前提下制定出本省的发展策略，然后由各地市政府、乡镇政府具体落实，从而形成一种层层推进的资源统筹方式。这样一种资源统筹方式能够使资源统筹政策落实的效果得以保证，但是自上而下的行政组织会在一定程度上导致责权倒挂，片面的指标化考核方式会致使基层治理组织聚焦于短期发展结果与数字指标结果的增长，从而忽视了长期的策略性发展。

（三）乡村人才振兴资源性统筹的优化路径

资源性统筹对于乡村振兴具有重要的推动作用，是乡村人才振兴的关键环节和核心引擎。在很大程度上，区域人力资本开发程度既取决于当地资源投入数量和结构优化组合的状态，又取决于区域吸引和聚集资源并为我所用的能力和水平。故在乡村人才振兴中如何实现有效率的资源性统筹是具有强烈现实意义的。

乡村人才振兴所涉及的资源要素是复杂多元的，乡村人才振兴的实质是简明扼要的，即如何"吸引"与"留住"人才，所以在复杂多元的资源要素中着力于关键要素是至关重要的。针对乡村人才振兴的资源性统筹制度包含保障性资源统筹与激励性资源统筹两方面，不仅满足其基本需求，也满足其较高层次的发展需求。切实可行、一以贯之的乡村人才振兴资源性统筹机制需要从以下几个方面着手构建。

1. 制度性资源统筹

制度一般是指在一定的历史时期和社会范围内，要求社会成员共同遵守的，具有约束性、规范性、目的性的一系列行为准则或规章、法律和道德伦理的规范。乡村人才振兴的制度性资源统筹是指要从制度层面对乡村人才予以规范化发展的跑道。

（1）社会保障性政策

社会保障制度是保障劳动者基本生活水平的制度，是维护社会安定的"稳定器"，起到兜底保障的作用。完善的社会保障制度是解决乡村人才发展后顾之忧的一道基本保障网，针对乡村人才振兴的社会保障制度构建机制，应当从以下两个方面着手：一方面，着力推动农村社会保障制度基本保障水平尽力与城市持平，实现统筹一体化发展，以养老、医疗、失业、生育、工伤等为代表的基本社会保险制度关系国计民生，也是乡村人才的发展底线。为使乡村人才更具有竞争力与满足感，应在基本保障水平上加大资金保障。另一方面，有针对性地由地方政府或者村集体构建新型保障制度，如聚集大批创新创业项目、人才的地区可以与保险公司合作开发创新创业保险，根据创新创业项目的不同，设定层层递进的保险缴纳份额，前期由当地政府进行缴费，后期可逐步加大个人缴费比重。

（2）乡村人才从业资格认定制度

从业资格认定是个人具备从事该行业的基本学识、技术、能力的证明，构建乡村人才从业资格认定制度是推动乡村人才从业规范化、制度化的一大步。乡村人才从业资格认定制度一方面逐步构建起乡村人才规范化发展的赛道，另一方面也是激励乡村人才的内生发展动力，促进更多人才聚集于乡村。乡村人才从业资格认定制度的构建需要注意以下几点：首先，乡村人才从业资格认定制度第一部分需要从宏观层面加以衡量，制度内容主要包含从业人员基本知识、能力水平与道德水平等方面；其次，对于不同类别的乡村人才进行划分，如乡村生产经营人才、乡村二三产业发展人才、乡村公共服务人才、乡村治理人才、乡村科技人才等，还可进一步划分为种植能手、养殖能手、加工能手、农民专业合作社组织负责人、乡村经纪人、乡村文化艺术人才、乡村社会工作人才等；最后，乡村人才从业资格认定制度的设立就是为了能够在乡村地区树立起规范化运行的典型，提高人才跨地区流动的可能性。

（3）乡村人才联合培养委员会

乡村人才联合培养委员会是作为微观区域统筹乡村人才的介于正式组织与非正式组织之间的一类组织形态，是负责管理培养乡村人才的专业性组织，主要负责组织乡村人才从业资格考试、日常乡村人才专业能力提升培训、乡村人才相关知识的日常宣讲等活动。乡村人才联合培养委员会的构建需要明确以下几点：首先，乡村人才联合培养委员会主要负责乡村人才常态化的培养管理机制，所以需要先引进一批相对专业化的人才队伍后再来构建，这一人才队伍可以通过全职形式或者委员会委员形式进行管理，但必须保留一批专业人才来进行专业管理。其次，乡村人才联合培养委员会的责权需对应，上层的政策制定由政府部门来制定，其权力范围仅限于培训监管和常态化管理，所以也仅需要承担相应的责任。最后，乡村人才联合培养委员会需要保证能够服务到一定区域内的人才，所以组织形态在相对扁平透明的前提下还需要具有金字塔形态的层层落实功能。

2. 财政性资源统筹

财政性资源统筹是基于乡村人才是"经济人"的假设前提，保障乡村人才收入水平，使其收入水平更具有市场竞争力。

（1）乡村人才等级评定制度

乡村人才等级评定制度是与乡村人才从业资格认定制度相对应的，其构建的目标是不断提高乡村人才的专业化程度、市场竞争力，从而激发乡村人才的内生发展动力。实际上，当下已经有一些省市推行乡村人才评价管理制度，但是存在着口径不一、政策路径相对宽泛、"唯学历论"等问题。实际上，乡村人才等级评定制度与现行的乡村人才评价管理制度有所区别，乡村人才等级评定制度需要由具有较强聚集能力与权威性的政府部门来制定，并逐步向下落实，从而形成规范化的运营落实机制。其次，乡村人才等级评定制度在乡村人才的工资认定机制中需要有所体现，等级与实践能力水平越高的乡村人才，其工资水平越高，从而不断激励乡村人才自发学习。

（2）乡村人才信息管理服务平台

乡村人才振兴需要融入信息时代的发展潮流。乡村人才振兴中很多地区存在着无法引入合适的乡村人才这一问题，因此构建乡村人才信息管理服务平台就显得尤为重要。一方面，建立全国统一的乡村人才信息管理服务平台，相当于构建起一个乡村人才大数据库，对于某一地区存在着的人才紧缺问题，可以在数据库中搜寻合适的人才然后加以引进，缩短人才引进的时间成本，有效解决不同区域所存在的信息不对称的问题。另一方面，建立起乡村人才信息管理服务平台有利于乡村人才的后续发展，乡村人才信息管理服务平台相当于给予政府部门一个监管乡村人才成长路径的方式，帮助有效追踪统计不同类型的人才在乡村地区的流失程度与后续成长方式，从而更好地制定更具有吸引力的人才振兴政策。

3. 社会性资源统筹

社会性资源统筹是基于乡村人才是"社会人"的假设前提，以增强乡村人才的社会认同感和社会地位为基本目标。

（1）乡村人才表彰激励机制

乡村人才表彰激励机制的构建能够有效提高乡村人才的从业成就感。由于长期的城乡二元分割治理制度致使乡村发展一直处于较为滞后的状态，出现城市地区劳动力一直固守城市，乡村地区的劳动力外流严重等问题。而且大众对乡村存在着一定的刻板印象，即认为乡村就业是低收入水平、低技术水平、发展空间小的，所以不扭转这样一种刻板印象就无法吸引人才。乡村人才表彰激励机制应运而生，这一机制可以通过每年或者几年一次的方式，分产业、分方向选取对于乡村振兴有杰出贡献的先进人才进行表彰，从而使社会上更多的人能够了解其工作内容、工作意义，扩大社会影响力，同时增强乡村人才的社会认同感与就业成就感。

（2）乡村人才挂职聘用机制

乡村人才挂职聘用机制是指选取有能力、有技术的乡村人才有针对性地挂职于所在地区的村镇或者街道，给予乡村人才一定的管理机会，激发乡村人才的发展动力。乡村人才挂职聘用机制的构建需要注意以下几点：首先，挂职范围较小，一般是以村镇与街道为主，保证乡村人才在所挂职聘用的区域内具有一定的参与度与话语权；其次，乡村人才与挂职地点选取要遵循"人域相匹配"的原则，即在聘用之前需要仔细研究该地区的特性、发展方向等，然后选取与之相匹配的人才；最后，乡村人才挂职聘用机制中的人才选取要具有多样性，如种植能手、养殖能手、加工能手、农民专业合作社组织负责人、农村经纪人、乡村文化艺术人才、乡村社会工作人才等都需要有所涉及，并且需要做好乡村人才挂职聘用的考核与监管工作。

4. 人性化资源统筹

人性化资源统筹，基于马斯洛需求层次理论，不仅需要在物质与经济上给予现代社会的人才相对较强的支撑性政策，同时还要保障其生产生活的环境优美，满足人民对于健康便捷的生活方式的追求。

（1）基本生活需求导向的统筹管理机制

以基本生活需求为导向的统筹管理机制是以保障乡村人才的基本生活，不降低其基本生活水平，尽力达成具有乡村特色风味但与城市生活水平持平的便捷生活状态为目标的机制。首先，需要加强村镇的基础设施建设，如交通、快递等类型的基础设施建设，保证当地具有完善的公交系统、共享单车系统等，保证快递寄取的便捷性，从而保障人才在乡村基本生活；其次，增加乡村人才的购房、租房补贴，建立完善的人才公寓制度，保证异地就业的乡村人才的住房问题得以过渡解决；最后，需要加强村镇地区的环境治理，坚持生产与生态的同步发展，坚持"绿水青山就是金山银山"的发展理念，保证乡村地区的公共卫生服务治理水平。

（2）乡村人才职业教育培训机制

乡村人才职业教育培训机制的构建是为了满足乡村人才的深层次发展需求。乡村人才必然是在实际生产经营过程中不断成长的，但是在知识与技能储备未达到相应的储备量时，需要不断接受职业教育培训。构建起完备的乡村人才职业教育培训机制就是为了满足乡村人才个人能力增长的需求，使乡村人才在实际工作中更具有效率，也是为乡村人才振兴助力，推动更具有创新性的治理方式与产品的出现。乡村人才职业教育培训机制主要围绕以下几点进行构建：第一，针对乡村宏观发展政策，乡村人才振兴的最终目的就是要推动乡村振兴，所以加强关于乡村发展的宏观政策的培训有益于乡村人才更好地把握发展的宏观形势与潮流；第二，针对乡村文化与情怀、乡村从业人员职业道德，乡村人才要长久地留在乡村必须"爱农村、懂农业、爱农民"，所以针对乡村文化与情怀的培训是有必要的，有助于乡村人才更好地了解乡村文化，激发乡村人才爱农村爱农民的情怀，同时加强职业道德教育，也有助于更好地规范乡村人才的从业行为；最后，针对创新意识与专业能力，将创新意识与专业能力的培训融为一体，有利于不断提升乡村人才的专业能力、实践能力、创新能力。

第三章

乡村振兴视域下人才振兴的实践探索

乡村人才振兴是一项系统性工程，习近平总书记强调"乡村振兴，关键在人，关键在干"，要广泛吸纳各类人才投身到乡村振兴事业中，破解乡村振兴人才瓶颈的制约。近年来，地方为增进各类乡村人才参与乡村振兴的广度和深度，在优化人才引用机制、完善人才评价体系、改进培育模式及健全配套政策方面进行了一系列改革探索。按照党的二十大"深化人才发展体制机制改革，真心爱才、悉心育才、倾心引才、精心用才，求贤若渴，不拘一格，把各方面优秀人才集聚到党和人民事业中来"政策指引，充分重视引进回流乡村人才主体参与乡村振兴的内在逻辑和发展需求，拓宽思路、创新方法，建立完善乡村人才振兴的管理体系和平台机制。

立足我国乡村现实需求与地方探索实践，以"平台"思维创新乡村振兴人才系统建设模式，依托人才选拔培养平台、干事创业平台、交流中介平台、引进回流平台建设，高效整合利用政府和社会各界的资源优势补齐乡村人才短板，继而发挥人才振兴"乘数效应"；并从政策维度、文化维度、社会价值维度优化乡村人才振兴环境建设，最终引导更多高质量人才扎根乡村，激励各类优秀人才在乡村振兴的广阔天地中"担当使命、大显身手"，打造乡村振兴新引擎。

一、选拔培养平台：发挥乡村人才的优势效应

（一）选拔培养平台构建目标与原则

1.选拔培养平台构建目标

围绕乡村人才振兴总体目标，建立乡村人才选拔培养平台，完善创新创业人才选拔培养机制、增强人才选拔培养服务水平、优化乡村创新创业环境。为农村创新创业人才选拔培养创造便利条件，提供信息服务、搭建管理平台。实现选拔培养一批能够扎根乡村、服务农业、带动农民的乡村创新创业核心人才队伍，不断壮大创新创业人才队伍，发挥创新创业人才驱动优势效应。

2.选拔培养平台构建原则

坚持德才兼备，以德为先的选人用人原则，立足不同村情、不同岗位的实际需求，有针对性地优化人才选拔及培育内容，注重用理论与实践相结合的方式，扶持培育"返乡、入乡、在乡"创新创业人才。选拔一批有资金积累、技术专长、市场信息、经营头脑和创业激情的返乡人员，支持发展特色种养殖业、加工流通业、乡村服务业等产业。引导一批退役军人、科技人员、大中专毕业生入乡创业，支持新技术应用、新产品开发和新市场开拓，提升乡村产业发展的层次和水平。挖掘"田秀才""土专家""乡创客"等各类本地人才，支持创办乡村车间、手工作坊，挖掘乡村非物质文化遗产资源，保护传统手工艺，带动乡村就业和农民增收。加强选拔人才的教育培训，加大财政扶持力度，支持开展乡村振兴职业技能培训；提升产教融合水平，壮大创业导师队伍，建立培训跟踪评价机制。

（二）选拔培养平台构建形式与功能

1.选拔培养平台构建形式

（1）建立乡村人才开发服务体系

建立县级乡村人才市场、乡镇人事劳动服务中心、村级人才服务部"三级

联动"的乡村人才开发服务体系。各级职能部门分工负责、责任明确，实现硬件规范化、功能一体化、信息网格化、管理制度化的平台服务。

（2）建立乡村人才信息库

按照统一的乡村振兴人才分类标准，统一表格填报资料并统计建立信息管理系统，按照"一人一卡""一村一社，一统计"进行乡村人才普查登记，建立乡村人才信息库，以便精准实施选才育才扶持政策。

（3）建立多渠道的联合培养基地

乡村人才培养基地建设旨在提升乡村人才能力建设，根据培养目标不同可分为学历培训和专项短期培训。针对学历培训，乡村人才培养基地可挂靠大中专院校，选拔培养乡村青年人才进行学历提升。围绕当地特色农业产业，组织专业技术人员下乡培训、现场培训和互动培训。

2. 选拔培养平台的功能

乡村人才选拔培养平台以多元主体分工配合为基础，充分发挥政府、培训机构和企业的各自优势，形成多股工作合力，共同参与乡村人才的选拔培养，解决乡村人才总量不足、整体素质不高等制约乡村人才振兴的问题。坚持全面培养、分类施策，围绕全面推进乡村振兴的需要，全方位培养各类人才，扩大总量，提高质量，优化结构。

（1）形成乡村人才的专业化教育平台

建设面向乡村的教育平台，推行新型职业人才计划，专门培育新型职业农民。增设涉农学科专业，并给予优惠政策和适当农业补助，鼓励农民参加正规学历教育培训，扶持培养一批乡村职业经理人、乡村工匠、文化能人、非遗传承人等。

（2）满足乡村人才培养的质量提升

加强乡村职业院校基础能力建设，支持职业院校加强涉农专业建设，开发技术研发平台，开设特色工艺班。加快培育农业生产经营人才、农村二三产业发展人才、乡村公共服务人才、农业农村科技人才等专业技术人才。

（3）增强乡村人才的信息素养

鼓励企业发展国内产学研合作平台，与高校对接共建乡村振兴研究院、农业商学院等平台，聘请高校专家学者指导开展电子商务、市场营销、现代管理等经营管理实用培训。通过各种培训提升农村实用人才的素质能力，增添乡村发展活力。

（三）选拔培养平台的运行机制

1. 建立乡村人才开发服务系统

（1）建立乡村人才开发的工作机构

选拔培养乡村人才，助力乡村人才振兴是一项长期工作，要保障有序推动工作进展的强劲动力，就要探索建立健全专门的工作机构，以便统一协调相关部门资源、明确各部门职责、强化各部门工作目标。例如，在农业农村部门建立乡村人力资源管理服务中心，具体负责乡村人才的选拔、培养、激励措施的制定和实施等各项工作。引导成立各类人才协会，为人才提供相互交流的平台，形成共同提高、辐射带动的良好人才氛围。

确立正确的选人、用人导向。拓展选人用人的渠道，制定市县两级优秀乡村人才选拔表彰制度，设立优秀乡村人才库，以公平、竞争、择优为原则，以利于优秀人才脱颖而出、充分施展才能为目标，使各类乡村人才都有创业展示的机会，让优秀乡村人才能够"有所为、敢作为"。

建立健全人才选拔培养的长效机制。制定乡村人才中长期发展规划，配套出台各项人才管理培养规章制度，分解落实任务目标，保障乡村人才工作长期稳定、规范有序开展。

（2）创新开拓乡村教育办学模式

乡村在九年制义务教育的基础上积极开展职业技能、实用技术等多种内容的培训，充分发挥农业技术人员的技术优势。例如，采用夜校、座谈、田间地头学技术等较为灵活多样的培训形式，进行短期、中期、长期培训，鼓励乡村年轻劳动力掌握乡村生产、经营及管理方面的实用技术。

积极探索"产教融合"的办学形式，依托乡镇中学建设基础教育、职业教育和成人教育有机结合的"产教联合体"。设立乡村实用技术培训基地和农民文化技术学校，实行弹性办学，农忙时送课到田间地头，农闲时办学到基地课堂。充分发挥职业院校培养乡村专业人才的作用。并且针对不同领域的人才开展个性化教学和"订单式"培训，例如，面向种粮大户、专业合作社带头人等人才开展种植养殖、农产品加工流通等方面的培训；面向创业人才开展投资融资、电子商务等方面的培训。

各类农业院校、职业技校应把乡村人才的培养作为考评的目标任务，结合农业大学生定向培养等各项扶持政策，采用多层次、多形式的教育和培训模式，积极开展"双证制"教育。针对各地实际，调整专业设置，改革教学内容和方法，注重培养人才的学习能力、实践操作能力。充分利用网络信息技术扩展农民教育渠道。乡村远程教育是利用现代高科技网络技术，将农业技术及时、便捷、大面积地输送到乡村的新渠道。农业农村部门以远程教育网络为依托，充分利用各类网络新媒体传播方式，积极组织农业技术专家、学者开办网上学堂，使农民足不出户就可以接受到农业技术培训，掌握一技之长，助推乡村振兴。

（3）构建乡村人才选拔培养跟踪服务

重视乡村人才选拔培养的后期跟踪反馈，及时发现选拔培养中可能存在的问题，以便采取措施及时调整选拔程序和培养方法。通过对选拔培养人才后期去向的跟踪和分析，掌握乡村人才成长变化的规律，及时发现乡村人才的能力短板，以及不同地区乡村人才的需求特点，以便及时调整培养方法和培养内容，形成乡村人才可持续开发的服务体系。

2. 建立乡村人才智慧信息库

高效率智能化的乡村人才选拔培养的核心是构建一个乡村人才智慧信息库。通过大数据、人工智能等现代化技术手段，提高人才选拔培养效率、及时掌握人才动态、整合人才资源，形成集统筹选拔培养、科学管理与综合服务为一体的乡村人才智慧信息库。信息库的建立应主要围绕乡村人才选拔培养的信息化、服务化和智能化建设进行。

（1）信息化建设

乡村人才智慧信息库数据收集过程中，鼓励县、乡镇、村实施由"村推荐、镇评定"的县级人才信息入库办法，确保定期选拔农村实用人才，精准充盈乡村人才智慧信息库。对各类、各级人才进行全方位、多角度、近距离了解，充分掌握人才的优势与特长，构建全面的智能人才形象。按照知识图谱绘制的人才库标签分类建档，注重将种养大户、专业合作社负责人、乡村能工巧匠、致富带头人、退役军人、回乡创业大学生、创业青年等都列入乡村智慧人才信息库的选才范围。

（2）服务化建设

形成便捷、规范、协同、高效的乡村人才选拔培养服务模式，全面服务乡村人才申报、评审及人才统计分析。开通乡村人才线上线下申报服务，拓宽人才选拔渠道；依据相关政策规定，制定完善资格审查、评审论证、社会公示等乡村人才选拔培养程序；进行乡村人才数据统计分析，动态展示各类乡村人才的数量分布、变化趋势、人才成果等不同维度的情况，以便各地区全面掌握人才选拔培养的历史、现状及变化，提高各地区乡村人才的宏观管理和专业化、精细化管理能力。

（3）智能化建设

充分梳理完善现有的乡村人才信息、乡村发展人才需求信息、技能信息，绘制乡村人才知识图谱，打造知识图谱嵌入乡村人才智慧信息库。通过充分共享信息库资料，高效快速地分析绘制出不同地区在产业发展、乡村治理、经营管理等方面的人才需求与人才匹配情况，实时掌握现有乡村人才的缺口和乡村人才变动情况。通过对知识图谱的补全、聚类和完善，帮助当地快速筛选人才，实现高效率、智能化的选人用人决策。

3. 建立动态调整和定期考核机制

健全和完善科学的人才选拔培养考核机制，坚持注重实绩、群众公认的原则，在考核评价中注重结果评价与过程评价。一方面通过科学的选人措施，拓宽选人视野，选拔有能力、有公信力的乡村人才进行培育；另一方面建立动态调整和定期考核机制，对乡村人才实际投身乡村振兴的履职情况进行评定，根据评定结果决定是否调整撤换，以此造就一批素质过硬、作风优良、值得信任的乡村基层管理队伍、生产经营管理人才队伍等，切实提升乡村人才的引领作用。

案例 3-1

山东临沂搭建四个平台，让村村都有好青年

推动乡村振兴，乡村青年人才的选培显得尤为关键。2018 年以来，临沂以实施"村村都有好青年"选培计划为抓手，全面搭建乡村青年人才成长平台，树立和培育了一大批农村青年好榜样、好典型，为助力乡村振兴、谋划乡村未来贡献了青春力量。两年来，临沂市已选出 7366 名乡村"好青年"，其中县级及以上优秀"好青年" 2316 名。

1. 搭建优选平台，引导"好青年"脱颖而出。为确保"好青年"选得好、选得准，临沂出台了《关于在全市实施"村村都有好青年"选培计划的通知》《关于进一步深化"村村都有好青年"选培工作的十二条意见》，明确提出市县乡三级联动，确保"一竿子插到底""好青年一个不落"。在人选范围上，既注重创新创业带头人、优秀退役军人等传统领域青年，又把在志愿服务、文化传承等领域表现突出的青年纳入选培范围。通过广泛宣传、层层动员，充分调动起广大乡村青年参与的积极性。在标准程序上，突出政治素质、道德品质、作用发挥、群众口碑，严格推荐、评审、公示等程序，采取组织提名、群众推荐、个人自荐等方式，确保真正把品德好、能力强、作风硬的乡村"好青年"选出来。

2. 搭建培育平台，保障"好青年"成长成才。保障、服务"好青年"成长成才，

既要提供必要的政策扶持，还要注重搭建载体平台，积极引导他们提高站位、放大格局，积极投身乡村振兴广阔舞台。为此，临沂开设网上主题团课，通过专题辅导、交流研讨、"晒成绩"、"秀答题"等形式，组织"好青年"开展多样化、自主化、便捷化学习；实施"青年农民培训工程"，采取远程教学、现场指导等方式，开展各类主题培训；组建近百支乡村"好青年"突击队或志愿服务队，参与疫情防控、防汛抗洪、志愿服务、"希望小屋"建设等活动，在锻炼队伍的同时凝聚合力。

3. 搭建发展平台，服务"好青年"创新创业。农村青年返乡创业最需要的，一是明白人的悉心指导，二是好政策的贴心扶持，能够在关键时刻"扶一扶""拉一把""送一程"。临沂共青团精准了解"好青年"的需求，有针对性地制定帮扶措施，确保"好青年"能够得到最大实惠、实现最大发展，在资金扶持、供销对接、平台搭建等方面出台了一揽子举措。《沂蒙乡村好青年信贷扶持计划》针对省市县三级乡村"好青年"提供利率低、额度高、办理快捷的贷款服务，最高可享受200万元额度，帮助破解就业创业资金瓶颈。截至目前，全市已为1600余名"好青年"提供贷款逾2.4亿元。临沂市在12个县区全部成立了"乡村好青年联盟"，实行轮值主席制度，通过建立微信群、面对面沟通、召开座谈会分享会等，定期组织开展参观考察、经验传授、交流研讨等活动，为"好青年"延伸产业链条、共享信息资源、实现抱团发展提供平台。临沂市先后举办6期"沂蒙好农品、乡村好青年"宣传推介活动，统筹促成产销对接，帮助乡村青年拓宽市场销路。同时，发动"好青年"直播带货，组织"好青年"参与东西扶贫协作优品嘉年华、山东食品产业博览会等展销活动，助力"好青年"实现"走出去"发展。

4. 搭建保障平台，激发"好青年"干事热情。选拔青年人才，培养青年人才，目的是要让"好青年"留在乡村，筑基乡村未来，助力乡村振兴。临沂健全各项保障机制，引导更多优秀青年返乡创业、扎根基层、圆梦乡村。第一，建立组织关怀机制。临沂加大乡村"好青年"推荐入党力度，要求县区每年发展40岁以下的乡村党员不少于新发展党员的60%。选取13个镇街作为试点，依托乡村"好青年"联盟或专业协会党支部发展党员，实行计划单列、定向培养，在协会、所在村居或单位"双考察双公示"，确保将"好青年"及时吸收入党。乡村"好青年"中的党员，优先纳入村级后备人才，按程序进入村"两委"班子；特别优秀的，可直接推荐担任村党组织书记。第二，建立正向激励机制。运用多类媒体平台、多种传播手段宣传乡村"好青年"事迹，统一设计制作"沂蒙乡村好青年示范户"荣誉牌，组织团干部逐户悬挂，实现在家门口亮身份、亮荣誉。将乡村"好青年"纳入沂蒙青年讲师团成员，组织开展事迹分享活动。市级以上"好青年"典型，可被优先定为各级"两代表一委员"和优秀共产党员、先进个人等推荐对象。第三，建立专项考核机制。在全市人才振兴考核中科学设置"村村都有好青年"选培工作指标，将选培工作纳入镇街主要负责同志抓基层党建述职评议考核，列入"打擂攻坚"展示内容，建立日常调度、专班推进、跟踪督查机制，强化业务指导和督促检查。

（来源：农民日报，2020-11-16，作者：吕兵兵，设计：刘然，编辑：裴逊琦 https://baijiahao.baidu.com/s?id=1683514885162537083&wfr=spider&for=pc）

二、干事创业平台：发挥乡村人才示范效应

（一）干事创业平台构建目标与原则

1. 干事创业平台构建目标

围绕乡村人力资本开发进行干事创业平台建设，在乡村人才干事创业过程中，为乡村人才提供资金投入、要素配置、制度供给、公共服务等方面的优先保障，形成有利于各类人才服务乡村的长效机制。通过改进干事创业支持机制、强化激励保障服务机制、创新评价考核管理机制，提升乡村人才干事创业的积极性和稳定性。关注人才主体与搭建平台载体并重，形成政策的聚合叠加效应，充分发挥乡村人才示范效应，促进形成乡村振兴各类人才支持服务乡村的格局。

2. 干事创业平台构建原则

拓宽基层岗位开发渠道，打造充足的职业成长空间，完善激励保障措施，坚持物质鼓励和精神鼓励相结合的激励机制，充分保障乡村人才在生活、工作等方面的权益。以"建基地、聚人才、强产业、促发展"为原则，通过"人才+项目""人才+基地""人才+产业"等人才工作项目化的方式，增强乡村振兴中的人才支持力度。立足产业特色，打造人才孵化基地，发挥产业和科技项目集聚效应，同时，资金项目政策向人才基地倾斜，以基地为中心健全乡村人才服

务保障体系，使基地成为吸引、培育、提升、推广人才的主场，为乡村人才振兴提供支撑。

（二）干事创业平台构建形式与功能

1. 干事创业平台构建形式

进一步加强乡村干事创业政策的创新与设计，拓宽金融信贷、保险担保、营商环境、技术服务等政策的覆盖面和普惠范围；优化用地住房、税费减免、政治待遇、后勤保障等方面的人才扶持政策，确保人才引进的后续保障措施落地、落实、落细；优化乡村基本公共服务供给，统筹推进乡村建设行动，改善乡村发展条件，提高乡村生活便利化水平，健全扶持乡村产业发展的政策体系；汇聚乡村人才发展所需资源要素，形成发展凝聚人才、人才促进发展的政策环境。积累乡村在政策机制、发展机会、独特资源、成长路径等方面的"红利"，形成乡村吸纳人才的比较优势，从根本上提高乡村人才供给效能。

2. 干事创业平台的功能

（1）发挥"筑巢引凤"功能

大力推进农业产业化发展，延伸农业产业链条，积极招商引资，鼓励当地乡村人才领办、创办农产品加工企业或各类合作经济组织，为吸引外来人才搭建舞台。

（2）实现"绿色通道"人才流动功能

优化政策，拓宽引进外来人才到本地创业、发展的渠道，创新外来人才的选拔、聘用机制，简化程序，为外来人才流入提供便利的条件。结合组织部门、人社部门等职能部门的人才培养计划，最大限度获取有关部门的政策支持，使更多的高校毕业生、社会各界人才流动到乡村，把新的观念、新的文化、新的思想带到乡村，为乡村经济发展提供智力支持。

（3）获取优惠政策功能

外来创新创业人才素质较高，流动性强，为促使外来人才落地生根，长期为本地乡村经济及乡村发展作贡献，需要协调好各方面的关系，解决好他们在工作和生活中的困难，提高他们在政治生活上的待遇，安排好他们的科研项目经费，并在子女、配偶就业等方面制定优惠政策，为他们免除后顾之忧。帮助人才完成自身目标定位，营造"能干事、干成事"的良好环境，实现"引得进、用得好、留得住"乡村创新创业人才的目标。

（三）干事创业平台的运行机制

1. 改进干事创业支持机制

（1）财政支持机制

统筹利用现有乡村振兴扶持政策，分类给予财政支持。针对乡村创新创业带头人，在创业初期或正常经营1年以上的，给予一次性创业补贴；对于返乡创业乡村人才，也可灵活变动财政支持形式，采取创业补贴、创业项目带动就业奖励、创业项目成果奖励等支持形式。

（2）帮扶支持机制

为健全乡村人才培养体系，应创新建立人才包联制度，以乡镇为单位，一名乡镇村干部包联一个农村产业项目和一名农村实用人才，帮助乡村干事创业人才解决日常生产经营过程中遇到的问题。

（3）用地支持机制

优先考虑安排乡村返乡入乡人才发展乡村新产业、新业态的建设用地指标，鼓励乡村创新创业带头人通过联合入股、合作等灵活的形式，依法利用农村集体土地来发展农业产业、乡村旅游等新产业新业态，提高农村集体建设用地的利用效率，助力乡村人才干事创业。

（4）人才后续支持机制

配合省、市一级政府推进实施高层次人才认定和支持办法，对符合条件的乡村创新创业带头人按规定给予相应支持，并按有关规定实施人才优惠政策。

为乡村创新创业带头人及所需人才按规定及时办理社保关系转移手续。

2. 优化激励保障服务机制

（1）优化激励机制

通过强化有效的激励体系激发乡村人才干事创业的主动性和积极性，应首先以完善政治激励机制为基础，在政治上，要给予乡村人才充分的信任，并为其提供广阔的发展空间。针对能力较强、觉悟较高、有发展意愿和发展需求的乡村人才，应给予更多选用任用机会。对符合条件的，可鼓励吸收进入党组织；对优秀的乡村党政人才，可给予提拔任用或晋升的通道；对优秀的乡村管理人才，可以考虑适当安排事业编制，对优秀的农业生产经营人才、农村二三产业发展人才、乡村公共服务人才、乡村治理人才和农业农村科技人才，可以优先考察、吸纳到村级管理干部队伍中，激励其充分发挥好在乡村振兴中的带头作用。另外，应完善荣誉激励机制，加快制定县一级优秀人才奖励办法，加大对乡村发展中有突出贡献的乡村人才的表彰奖励力度，定期开展各类乡村人才评比活动，并扩大宣传，激发乡村人才的自豪感，进而激励乡村人才进一步提升自我素质和能力。

（2）优化保障机制

良好的乡村人才薪酬待遇和工作环境对激发干事创业激情，留住乡村人才有着积极的作用。政府应高度重视乡村人才待遇与工作环境的改进，提高乡村人才薪酬待遇，缩小城乡人才待遇差距；加大扶持政策倾斜力度，建立针对乡村人才干事创业的优惠政策和项目扶持的鼓励机制，保护乡村人才创新创业的积极性。对于参加"三支一扶"的大学生群体，政府部门应积极完善和实施各项优惠政策，减少大学生返乡或下乡创业就业的现实障碍，增加大学生投入乡村建设的热情。此外，加快制定出台住房、交通、晋升、培训等方面的保障措施，增强乡村人才干事创业的动力。

（3）优化其他服务机制

农业不仅是基础产业，更兼具弱势产业和公益事业的特征。乡村干事创业平台的运行除了需要各类激励政策和保障措施，还需要农业科技研发保障和金融服务保障。由于农业科技具有投入时间长、见效慢的特点，强化投入意识尤为重要。要改变农业生产领域科技贡献率偏低的发展态势，发挥科学技术在现代智慧农业、绿色农业中的关键作用，增加农业科技投入总量。同时，在物质与精神层面的待遇上，要给予农业科技从业人员一定的倾斜。成立农业科研人员创业基金及管理机构，避免专家和科研人员下乡服务乡村流于形式。建立专家服务基地、形成专门的由科技人员组成的科研平台，成立专项专家服务基金和农业科研人员创业基金，在贷款等方面给予实质性的优惠与补偿，使人才安心创新创业，以更大的热情和专注投入到乡村振兴中。另外，还应优化乡村信用金融环境，降低金融风险。发展绿色金融、生态金融，推动乡村人才在乡村建设中实现绿色发展。

3. 创新评价考核管理机制

（1）建立竞争评价机制

竞争机制是激发乡村人才干事创业热情的有效机制。首先要创造多样化的竞争形式，为各类干事创业人才提供平等的竞争机会、公平公开的竞争程序，并以此获取政策和资金的持续性支持。例如，举办乡村创新创业项目大赛之类的活动，辅导孵化优秀创新项目和创业主体，对创新创业活跃、联农带农效果较好的乡村引进人才给予奖励和表彰；充分利用报刊、网络等媒体资源，加大力度宣传乡村振兴引进人才典型事迹，形成良好的竞争氛围。

（2）引入第三方人才评价主体

在统一的人才评价标准和体系下，各地区应创新乡村人才干事创业评价体系，改变以往政府作为单一评价主体的做法，根据乡村人才在乡村创新创业过程中的具体实绩，鼓励乡村行业协会、乡村组织、乡村社团等第三方人才评价主体加入其中，形成乡村振兴主体自我评价、社会评价、专业评价相结合的综合评价方法。避免"外行评价内行"以及考核评价流于形式的问题，更好激发业务技能强、品德素质好、发展贡献大的乡村人才干事创业的热情，让他们能够发挥各自特长，带动乡村发展。

◆ 案例 3-2

激发示范带动"头雁效应" 荣县试点"乡村振兴人才专员制度"

四川省荣县综合资源禀赋、产业基础、集体经济、乡村治理等因素，选取特色村、困难村 20 个，创新试点乡村振兴人才专员制度，落好人才专员"关键一子"，激活乡村人才振兴"一盘棋"。

1. 精准选派"创客"，建强乡村发展"头部人才"。一是精准画像。组织镇、村和部门联合研究，综合分析各村自然禀赋、地理区位、人文历史、资源条件、产业基础、发展阶段等，找准各村乡村振兴发展薄弱环节、突出问题，"一村一策"，精准画像"创客"。二是广泛寻访。不分体制内外，不唯论文、不唯职称、不唯学历、不唯奖项，面向全国公开招募，同时广泛走访优秀专家、离退休老干部、在外优秀人才、新兴领域人才，定向推送招募公告、征询"下乡"意愿，精准发现、甄选、寻访乡村振兴"领头羊"。三是精准匹配。坚持以事择人、因村选人，组织人才专员竞职陈述会，反复考准考实人选投身乡村发展热情度、与乡村实际匹配度、引领乡村发展前瞻性等，选优配强乡村振兴"创客"。

2. 精心搭建"舞台"，激发示范带动"头雁效应"。搭建人才干事创业平台，能充分激发人才干事激情、发挥人才创业效能。一是赋予"创业"平台，力促全方位融入。明确人才专员挂职镇（街）经发办副主任和派驻村主任助理，全面参与到乡村经济社会事务中，以真正融入到乡村发展中，更好发挥人才引领作用，当好乡村振兴"排头兵"。二是聚合"创业"资源，提供全方位保障。召开乡村振兴人才专员试点工作联席会议，讨论专题研究项目、资金集成投放到试点村工作，变"无米下炊"为"送米下炊"。县镇整合项目资金 1250 万元，为人才专员开展工作提供全方位、多层次保障。三是兼顾需要与可能，选准"创业"项目。镇（街）党委进行专题研究，聚焦产业突围、治理强基、文化立魂、组织固本、人才提能等薄弱环节和关键突破口，根据需要与可能，因村因人施策，量身定制人才专员每年干成一两件事的工作目标，下足"绣花功"，绘好生态美、产业兴、百姓富、治理优的美丽画卷。

3. 精致重塑"流程"，打造振兴发展"雁阵格局"。发挥好人才专员作用，关键在于建立一套与之相应的制度机制。一是完善"三账一单"工作台账。明确人才专员要履行好乡村人才发展主责，深入镇、村摸排人才分布，健全在外务工经商人员、"田秀才""土专家"、急需紧缺人才"三本台账"，深入研判镇村人才素能结构，聚焦人才所缺、事业所需、发展所急，精准提出乡村人才引育管用"配菜单"。二是形成"三位一体"工作合力。在部门、镇街明确分管领导、专门股室负责乡村人才振兴工作，建立健全党委统一领导、组织部门指导，横向协同、纵向联动的县、镇、村三级人才工作体系，变"单兵作战"为"协同攻坚"，整合部门资源、职能、项目，共同做好乡村人力资源开发"大文章"。三是建立"三效同验"工作机制。建立部门、镇（街）问题领办、人才专员全程督效，"责任制＋清单化"现场点验晒效，年终考评部门、镇（街）同责问效"三效同验"工作机制，倒逼部门转作风、提效能，深入乡村摸实情、出实招，破解乡村人才发展"难点""痛点""盲点"。

人才专员制度为当地乡村带来实实在在的"变化"，例如，"无抗农业"新技术和"巨型稻"等新品种推广试种达 8000 余亩；赖河坝现代农业园入选省级现代农业园区；一洞桥村绿叶变"金叶"，入选第二批全国乡村治理示范村；双古镇平坦桥村等 6 个村入选四川省乡村振兴重点帮扶村。

（来源：人民网 - 四川频道，2021 年 12 月 17 日，责编：罗昱、高红霞 http：//sc.people.com.cn/n2/2021/1217/c379469-35056040.html）

三、交流中介平台：发挥乡村人才的连锁效应

（一）交流中介平台构建目标与原则

1. 交流中介平台构建目标

建设乡村人才交流中介平台是培养、引进和使用人才的基础。乡村振兴需要各种各样的专业人才，但由于信息不畅、供需双方信息不对称等因素，地方政府无法准确掌握当地人才的数量及质量。乡村的人才资源配置效率低下、人

才供需矛盾较为突出，乡村人才的作用难以充分发挥。在互联网时代，数字经济成为拉动经济增长的重要引擎，数据作为一种重要的资源被广泛应用于"三农"工作，从大量的数据中获取有效信息并加以整理对作出科学决策具有重要意义。因此，借助现代信息技术，充分利用大数据资源，建设乡村人才交流中介平台，不仅可以准确掌握当地人才现状，对乡村人才进行精准管理和精准使用，培养和引进紧缺专业人才，而且可以解决乡村人才供需矛盾，提高乡村振兴人才资源配置效率，为乡村人才振兴提供精准可靠的数据支持。

2. 交流中介平台构建原则

乡村人才信息平台以数据为基础，以现代信息技术为支撑，以乡村人才交互为主要目的。依据《关于加快推进乡村人才振兴的意见》，充分发挥各级政府人才管理的职能优势，全面了解乡村人才的规模数量和层次质量。为乡村人才划分类型，建立乡村动态人才服务信息数据库，实时掌握人才的结构、流动趋势等特征。利用现代信息技术的优势，构建人才信息网络，汇总各个地区的人才资源，以人才库的形式建立各类乡村人才信息档案，将乡村人才纳入科学规范的人才管理范畴。借助大数据平台分析人才供需情况。通过系统计算分析并及时推送人才供需方面的相关信息，运用现代数理技术对乡村人才数据进行多层面分析。将人才信息数据库和人才需求数据库进行实时对接，实现智能化服务与高效化管理。实现人才信息对称，促进乡村振兴人才合理流动，提高人才资源的配置效率。

（二）交流中介平台构建形式与功能

1. 交流中介平台构建形式

围绕乡村振兴人才需求，依托各级单位公布交流机制和人才流动机制，建立城乡之间、不同区域之间的多层次人才交流平台，满足不同乡村地区的人才需求。

（1）城乡人才交流中介

积极推动城乡统筹发展,加快推动现代化农业建设进程,实现农业结构的优化升级,为乡村劳动力人口提供更多的就业渠道,为城乡间人才培养的合作与交流提供更广泛的平台;支持发展乡镇企业,扩大企业影响力和发展规模,形成乡村企业发展园区,发挥带头企业的聚合效应,为城乡间人才合作与交流提供条件;发挥新乡贤在新时代的发展助力作用,不仅为新乡贤返乡投资建设提供专业化的平台和服务,还可以发挥新乡贤的城乡桥梁作用,促进城乡间人才培养与交流。

（2）区域人才交流中介

人才在互动中更能体现价值的增值,通过各级政府整合协调区域间乡村人才资源,能够更有效地促进区域间人才流动和协调不同地区乡村人才供需平衡。借助中央加强东西部协作安排,从就业岗位提供、职业教育协作、技能培训等方面提高东西部劳务协作,加强对西部地区的人才支援,促进东部地区优秀人才要素与西部地区的交流。并根据2020年5月中共中央、国务院发布的《关于新时代推进西部大开发新格局的指导意见》,建立东中西部开放平台对接机制,共建人才培养等服务平台。相关人才引进平台建设向西部地区倾斜,鼓励支持部委属高校和地方高校"订单式"培养西部地区专业化人才。注重选拔符合西部地区需要的专业化人才,建立健全有利于吸引、激励和留住人才的体制机制,促进区域间乡村人才培养的合作与交流。

2. 交流中介平台的功能

乡村人才振兴建立在各级各类乡村人才融合发展的基础之上,建立促进人才交流的中介平台与机制,有利于各地乡村人才在引进、培养、评价和服务等方面的政策红利得到进一步释放,有利于培育在乡人才、支持农民工返乡创业、引导城市人才下乡服务,助力乡村人才实现聚变效应,也有利于解决好乡村振兴中乡村本地人才不愿回、乡村外部人才不愿来的市场失灵问题。

（三）交流中介平台的运行机制

1. 强化协调管理，精准匹配引才用才

（1）加强顶层设计，进行科学谋划

坚持党对乡村人才工作的全面领导，完善引才政策，通过政府搭建平台，协调企业、高校合作进行乡村人才培养，围绕乡村产业链布局人才流动链，以平台为载体推动创新创业人才流动与乡村振兴人才需求对接，并形成乡村人才资源的互补体系，建立健全乡村人才交流的体制机制。

（2）坚持政策引领，共享高质量人才资源

加强不同地区间的人才工作交流，推进资源共享。增设专家工作站、博士后创新实践基地。开展"招商引资"活动联合"招才引智"，促进"引才链"与产业链的深度融合。发挥重大人才工程的聚才引智引领作用，把握好国家级、省级重大人才工程的申报良机，"刚柔并济"引入一批乡村创新创业领军人才。

（3）推进对接服务，谋划人才供需

加大乡村人才服务力度，完善乡村人才看病就医、子女入学、安居出行等配套服务政策。专门设立相关乡村人才互动项目，吸引海内外高水平人才参与乡村振兴。

2. 采集动态数据，实施人才联动管理

整合各地现有诸如"智慧乡村人才超市""乡土人才信息库"等形式多样的乡村人才数据库，打造国家级、省级乡村人才信息资源共享平台，实行多级人才联动管理。各地以村为单位采集各类乡村人才数据，采集对象覆盖特色种植、养殖、生产经营、农副产品加工、电子商务、个体经商、农民专业合作社、家庭农场等领域的人才，以及在外优秀务工人才和各类专业技术人才，逐一进行系统登记建册，完善人才信息库，全面提升乡村建设管理"人才链"。定期分析乡村人才供求总量、结构及分布，对社会发布乡村急需紧缺人才需求目录，确保有效助推乡村振兴战略。

> 案例 3-3

江阴顾山搭建乡土人才"交流互学、创业创新"平台

乡土人才是乡村振兴的"金种子"。近年来，江阴市顾山镇积极打好乡土人才"组合拳"，自觉当好乡土人才"好园丁"，在"挖、聚、带"上下功夫，让乡土人才"破土飘香"。

1. 分类建立乡土人才信息库。通过走访排查了解，以各村党组织推荐、镇党委审核把关的形式选拔，挖掘致富能人、种植大户、民间艺人、经营能手、能工巧匠，将顾山"八大碗"传承人吴锦明、能工巧匠吴丰硕、农业实用人才张伟、国乐丝竹新秀黄均超等一批"土专家"挖掘出来。按照不同类型对乡土人才进行分类，建立起了乡土人才信息库。

2. 创新搭建乡土人才交流平台。结合乡村振兴人才建设，顾山镇相继开展了人才沙龙暨乡土人才专场活动、"党建+人才"座谈会等特色活动，搭建了乡土人才交流互学、创业创新"两个平台"。组建传统造物设计和工艺技术研发中心、与江南大学生物工程学院、江苏农林职业技术学院开展产学研合作，促进传统工艺与现代科技深入融合，推动乡土人才与产业、科技、资本深度对接、聚合裂变。

发挥乡土人才引领作用，推动农业经营主体、家庭农场、种养大户建立帮带形式，通过技术传授、经验分享，共同促进，共同致富。2020年全镇水蜜桃产出 5800 吨，经营性产值达 1 亿元，亩平均纯收入达 1.5 万元。致力弘扬特色美食文化，顾山"八大碗"代表性传承人同时经营新东方酒店、金顾山大酒店等 4 家酒店，成为顾山餐饮业的龙头老大。秉承"工匠精神"，精细木作代表传承人带领团队开拓创新，打响丰硕"五大家具品牌"，企业销售逐年上涨。

（来源：扬子晚报，2021-08-18，https: //baijiahao.baidu.com/s?id=1708398019725156956&wfr=spider&for=pc）

四、引进回流平台：发挥乡村人才的集聚效应

（一）引进回流平台构建目标与原则

1. 引进回流平台构建目标

以"外部引进"与"内部激活"相结合促进人才引进回流，形成乡村外部

人才对本土人才的集聚和带动效应,将人才引进回流的效应落实到推动内生发展和人才培养中。在乡村振兴人才需求的实际调查基础上,找准外部人才合作带动本地发展的落点,探索实施"专项＋专家""一村一团队、一团队一项目""一村一顾问"等乡村人才服务乡村模式,并以乡村振兴帮扶项目为载体带动本地人才发展;试点招募"乡村振兴合伙人",采取资金合作、技术入股、专业服务等形式与目标村庄开展结对合作,共同发展新型经营主体和新产业新业态。

2. 引进回流平台构建原则

乡村人才引进回流平台建设要因村制宜、因人而异。人才引进回流应该创新引进人才方式并进行多角度支撑。针对乡村发展实际,可以为急需的各类人才设立"特岗",通过补贴形式,以较有吸引力的工资水平,鼓励和引导农科教等紧缺人才向乡村转移;改善创业环境,制定人才、财税等优惠政策,为人才搭建干事创业的平台,吸引各类人才返乡创业,激活乡村的创新活力;建立城乡人才流动机制,可以选拔一批青年干部、科技人才、教育医疗人才到乡村交流服务,为乡村带去先进的知识和理念。

(二) 引进回流平台构建形式与功能

1. 引进回流平台构建形式

(1) 政策引导型模式

①高校人才就业政策引导模式

通过针对"选调生""特岗教师""三支一扶""大学生志愿服务西部计划"等相关的高校人才按规定给予学费补偿和国家助学贷款代偿办法的政策,引导高校毕业生在一定服务期内,到中西部地区和艰苦边远地区基层单位就业、服务;同时结合政府购买服务工作的推进,在基层特别是街道(乡镇)、社区(村)购买一批公共管理和社会服务岗位,优先用于吸纳高校毕业生返乡就业。

②党政退岗退休人员政策引导模式

近年来，我国逐渐进入老龄化社会，退休人员规模逐渐扩大，为发挥闲置的"银发资源"余热，各地不断探索出党政退岗退休人员参与乡村振兴工作的思路，例如，以"乡村振兴指导团"为起点，引导离退休党员干部"退岗不褪色"，为乡村振兴助力赋能，参与基层一线乡村工作。

③政府派驻乡村人才政策引导模式

政府派驻干部到乡村的实践已有近四十年的历史，原派驻乡村工作队主要任务为开展乡村扶贫工作，我国脱贫攻坚战取得全面胜利后，为了响应习近平总书记关于促进各路人才"上山下乡"投身乡村振兴的伟大号召，贯彻落实"五个振兴"要求，当前我国大约有三分之一的省或直辖市，普遍利用"干部驻村"的方式来解决社会改革发展过程中乡村治理人才的不足。派驻工作队的进入带来了先进发展理念、引入了资金和技术，带来了乡村发展的新模式，同时也形成了乡村治理的新格局。

（2）新乡贤回流模式

改革开放以来，新乡贤在推动乡村经济发展、推进基础设施建设、提升基层治理水平、弘扬乡村文明新风等方面发挥了重要作用。2015年中央一号文件《关于加大改革创新力度加快农业现代化建设的若干意见》指出："创新乡贤文化，弘扬善行义举，以乡情乡愁为纽带吸引和凝聚各方人士支持家乡建设，传承乡村文明。"此后出台的"十三五"规划纲要明确提出要"培育新乡贤文化"，鼓励社会各界投身乡村建设，建立有效激励机制，以乡情乡愁为纽带，吸引企业家、党政干部、专家学者、医生教师、规划师、建筑师、律师、技能人才。通过下乡担任志愿者、投资兴业、包村包项目、行医办学、捐资捐物、法律服务等多种多样的方式，回流服务乡村振兴事业。

2. 引进回流平台的功能

当前乡村人口大量外流，乡村振兴中人才支撑面临巨大挑战。吸引人才回归成为"三农"政策的要务之一。乡村人才引进回流。本质上是使乡村人才在不同地区之间逆时针转移。李秀英认为，合理引导掌握技术的农民工、原籍农村的高校毕业生以及非农社会人才回流农业，能够有效保障农业产业化健康发展。根据社会的价值规律和市场经济的调节，人才的状态、岗位、工作方式等都有可能发生转变。刘志秀认为"三农"人才队伍主要由内生型人才和引入型人才构成：内生型人才是由于地缘或血缘等关系长期留在乡村发展的人才；引入型人才则是从乡村之外引进的新人，其中有外来人员但也不乏部分走出乡村后又重新返乡的人才。其中，引入型人才的引进大都受到行政干预或利益引导。人才回流平台功能不仅是乡村人才数量上的引进回流，更重要的是乡村振兴人才智力的引进回流。建立完善人才回流平台能为乡村带来社会经济发展的力量，促进乡村将自己独特的资源优势与回流人才相结合，推进乡村的全面发展，由此也将吸引更多智力回流，为乡村振兴战略提供充足的人才资源，从而实现以人才振兴乡村的目标。构建人才引进回流平台，切实落实乡村人才引进回流的政策、制度，加快促进人才引进回流的步伐，才能筑牢乡村振兴的人才基石。

（三）引进回流平台的运行机制

1. 打牢乡村人才引进回流产业基础

（1）创造产业扶持基础条件

通过加快各地的乡村农地整治和实行土地经营权入股，为乡村产业发展创造基础条件。农地整治中要以尊重农民意愿为前提条件，推进耕地集中连片，解决农地碎片化和分散化的问题，扩大高标准农田建设规模。土地经营权入股以试点为先导并逐步扩大范围，促进土地承包经营权流转和适度规模经营，解决现阶段耕地流转租金和交易成本过高的困境，从而降低引进回流人才返乡的创业成本和就业成本，提高回流人才的创业就业收益，为返乡人才从事和发展现代农业创造基础条件。

（2）发展乡村特色产业

乡村产业可持续发展能够为引进回流人才提供更多的就业机会和更广阔的发展空间。乡村产业可持续发展应围绕当地优势特色产业来发展壮大，并以此推动建设全产业链发展模式。第一，通过打造一批农产品区域公用品牌、绿色农业地标品牌等，吸引大批乡村人才返乡创业就业；第二，围绕发展优势特色产业的人才需求，精准制定引凤还巢、乡贤帮村等多元化政策，吸引在外的种养能手、土专家，懂技术、有销售经验的乡村人才回流乡村发展；第三，建立集龙头企业、关联企业、合作社、生产基地、家庭农场和农户为一体的全产业链利益共同体，形成引进回流人才抱团创业就业的利益链条，以乡村全产业链发展愿景吸引更多的在外人才回流乡村；第四，围绕乡村特色产业拓展乡村新业态，开发文创、康养、休闲旅游等新模式新业态，打造农业产业综合体，形成乡村发展人才引进回流的可持续发展平台。

2. 强化乡村人才引进回流治理机制

（1）提升乡村基层人才治理能力

坚持党管人才原则，推进乡村人才管理制度运行，确保回流人才能够高效发挥作用。长期以来，由于乡村人才结构错位现象较为普遍，管理、技术方面的专业人才严重缺乏，需要建立完备的人才市场运行机制，以乡村党组织为中心，对乡村的人才回流工作和人才队伍建设工作进行宏观调控。针对本地人才稀缺情况，可以向上级部门求助，疏通渠道，使急需的专业人才、党政人才流动到乡村基层事业单位进行任职，增强基层"造血"功能。将引进回流人才配置到薄弱之处，发动人才资源配置的积极性，持续推进人才振兴发展。

建立共治共享的乡村治理理念，使引进回流乡村人才享受与原住村民同等的权利，鼓励引进回流人才发挥主观能动性、出谋划策，积极参与乡村建设与发展；支持引进回流优秀人才参与村委会选举，为基层乡村自治组织注入新生力量。增强在外乡村本土人才对家乡的认同感、归属感，激发他们回报桑梓的热情。

(2) 提升村民社会治理参与水平

创新人才内部的管理制度，借鉴能人治村的经验，加大对集体经济薄弱村、脱贫村，以及乡村振兴重点村人才引进回流的治理力度，健全乡村能人选拔任用的常态化机制，配强乡村基层组织"领头雁"，提升乡村组织化程度。以"万企兴万村"活动推动落实"产业村长""企业家村长"的引入机制，以经济能人的示范带动作用吸引人才返乡。建设县域乡村能人小组，实施乡村能人培育工程，围绕乡村"领头雁"队伍建设，重点培育基层党支部书记和村级领导班子，优化提升乡村能人的整体素质和治理能力。建立乡村能人"能上能下、能进能出"的激励相容机制，提高乡村能人待遇，增加晋升提拔机会。规范能人治村举措，赋予乡村能人干事创业的容错纠错空间，"不拘一格用人才"，不以一时、一次得失论成败，激发乡村能人引领乡村产业振兴以及带动农民致富的创新活力。

3. 激发乡村人才引进回流内生动力

(1) 构建乡村产业链与人才链的深度融合机制

乡村产业发展是吸引人才回流的基础，但目前大部分乡村产业结构过于单一，造成乡村人才引进回流的困境。因此，政府应因地制宜地推进例如"一乡一特、一县一业"之类的产业发展行动，以培育乡村特色产业为着力点，通过产业链来吸附人才链。通过"企业+基地+农户""企业+合作社+基地+家庭农场""企业+合作社+基地+电商""企业+创业园"等多种形式，促使引进回流人才就业创业，同时提升乡村产业链增值收益。目前，中国农业已进入高质量发展阶段，加快发展互联网+、大数据、云计算等新一代信息技术可为农业提供新场景、新需求和新动能；创新发展"农工、农贸、农文、农教、农医、农旅"等融合发展新模式，拓展"共享农业、云上农业、会展农业、体验农业、网红农业、认养农业"等农业新业态，可以为农村一二三产业融合发展提供良好基础，也为人才返乡创业就业带来更多的发展契机。

(2) 引导乡村人才自我价值观念转变

长期以来,由于多重原因,乡村人才对如何实现自我价值存在一定的认知偏差,加之受城市文化的影响,乡村人才自发回流参与家乡建设发展的自豪感和责任感较弱,乡村人才流失较为严重。地方政府应积极宣传乡土文化,激发故乡情怀,以"乡情"为切入点,在县、乡、村三级设立联络员机制,经常与外流人才保持联络并给予问候和关心,增强其对家乡的认同感和归属感;另一方面,协助解决好优秀人才回乡发展时面临的土地、财产、社会保障等问题。此外,充分发挥新媒体宣传优势,例如,制定并鼓励乡村人才参加"新农人"计划,评选返乡创业榜样案例并通过政府渠道积极进行宣传,增强回乡人员的荣誉感和心理满足感,如此也可以让更多的人了解新时代乡村的变化和未来巨大的发展空间,吸引更多的在外优秀人才回乡。

4. 完善乡村人才引进回流保障机制

(1) 完善乡村生产生活基础设施

乡村人才引进回流要建立在能够保障返乡人才生产生活便利条件的基础上,因此,在推动乡村产业发展的同时,更应注重加强乡村建设,加大公共资源分配向乡村倾斜的力度,加快补齐乡村基础设施短板。通过改善教育、就业、医疗、交通、人居环境等不断优化乡村人才引进回流的基础环境,全面落实城乡统一发展中乡村的基础设施建设保障机制。加大财政投入力度,并积极引导企业、集体经济组织、社会资本和个人参与乡村基础设施运营管护,持续改善乡村基础设施条件。"有力、有序、有效"地推进乡村人居环境整治,保护乡村生态环境,建设"望得见山水,留得住乡愁"的美好乡村,从而吸引更多外地乡村人才和本地在外人才回流到乡村。

(2) 提升乡村公共服务水平

提升乡村公共服务水平,缩小城乡之间教育、医疗等方面的差距,解决返乡创业人群的后顾之忧,增强乡村吸引力,让引进回流人才愿意留在乡村发展创业。特别是教育卫生方面，要解决好教育资源和医疗卫生资源的不平衡不平均问题，制定安排教育、卫生、农技工作者等服务乡镇基层的政策，建立任职晋升基层服务经历者优先导向，鼓励广大优秀教职工、卫技工作人员下基层锻炼，从各行各业缩小城乡政策体制的差距，加大对乡村的政策倾斜力度，改变城市就业创业与发展比乡村好的思想意识和择业观念，促进全面和谐平衡发展。建设"三农"服务区域中心，构建县、乡、村三级教育及医疗卫生与文化服务共同体，推进城乡基本公共服务一体化，使乡村人才也能共享城市优质、便捷的公共服务。以便为引进回流乡村人才提供与子女教育、配偶就业、医疗卫生等息息相关的生活便利，为引进回流人才解决后顾之忧，让他们能专注于乡村振兴工作，一展所长，实现自我价值。

（3）建立回流人才的政策保障机制

推动乡村人才引进回流过程中，应结合乡村农业现代化建设，统筹乡村各项优惠政策，用好用活目前已有的产业园区、产业项目、乡村振兴资金等存量资源；开发好公共产业服务的增量资源，从而更好地为返乡创业就业的乡村人才提供支持。各地方政府应围绕乡村人才创业就业需求，制定乡村人才回流扶持计划，把扶持创业作为吸引乡村本土人才回流的重要手段，并从土地流转、融资担保、贷款贴息、税费减免等方面给予政策保障，以便吸引更多乡村人才回归家乡。

◁ 案例3-4

泉港区优化升级人才政策体系 让人才"引得进、留得住"

为推进泉港区发展建设，吸引更多的青年人才来泉港就业安家，2022年泉港区陆续出台多项人才引进优惠政策，包括支持"双一流"高校毕业生就业创业、重点产业企业人才购房补助、石化产业人才就业奖励和高层次人才认定等一系列利好政策，政策的出台吸引不少人才关注泉港、选择泉港。主要措施如下：

1.支持"双一流"高校毕业生来泉港就业创业。泉港区积极围绕泉港"十四五"经济社会发展需要，充分发挥企业、科研院所等用人主体作用，通过相关支持措施，力争每年引进一批全日制"双一流"高校毕业生到泉港区就业创业,为泉港"三城"建设提供强有力的人才保障和智力支持。

该区通过"招商引智聚集一批""企业自主引育一批""组团专项招聘一批""平台批量招留一批""引才奖励引荐一批""实习返乡引留一批""服务专员招引一批"等措施,从源头上引导回流,并带动吸引其他地区"双一流"高校毕业生来泉港就业创业。同时通过生活补贴、安家补贴、子女入学、家庭奖励、成长空间、引才奖励等一系列措施,为来泉港就业创业的高校毕业生提供后勤保障。其中,新引进该区企业、科研院所工作并签订5年及以上劳动合同的全日制"双一流"高校毕业生,按博士、硕士、本科分别给予每人32万元、18万元、10万元的经济补助;对新引进的每名全日制"双一流"高校毕业生,按照每个家庭每月1000元标准给予其父母或祖父母奖励,享受期5年。

2. 积极落实企业人才购房补助。为加快实施新时代人才强区战略,打造宜居宜业的环境磁场,促进产业高质量发展,吸引和集聚重点产业企业人才竞相涌入泉港就业,该区日前同时出台重点产业企业人才购房补助政策。在泉港缴交个人所得税或社会保险,每年在泉港工作时间不低于6个月的重点产业企业人才且在泉港购买90平方米及以上的首套或改善型商品住房(不包含二手房),同时承诺享受购房补助政策后继续在泉港工作满5年的重点产业企业人才,可按照每平方米600元的标准享受购房补助。其中,毕业五年内的大专及以上学历高校毕业生(以毕业证时间认定),按每平方米700元予以购房补助;重点产业企业高层次人才在原有安居保障待遇的基础上,再按照层次给予额外购房补助,叠加的购房补助具体为第一层次至第七层次分别给予每平方米补助1000元至700元。

3. 完善高层次人才认定及激励政策。为对接落实泉州市人才"港湾计划",衔接完善层次分明、简便易行的人才评价和支持体系,泉港区修订高层次人才认定及政策支持规定。高层次人才认定后,即可在认期内享受工作津贴、生活补助、住房保障、子女入学、医疗保健、个税奖励、免费健康体检等一揽子政策待遇。其中,符合条件的泉州市高层次人才可享受最高80万元的购房补助或免租入住人才公寓。符合条件的高层次人才子女可由区教育局统筹安排到城区优质公办学校(含学前教育和义务教育)就读。高层次人才每年还可以享受免费健康体检,免门票进入区公共旅游景点,预约4人(含本人)免费观看区属宣传系统组织的公益性文艺演出,免费乘坐区内公交车。

（来源：中国日报网，2022-09-09，https：//baijiahao.baidu.com/s?id=1743465598259653752&wfr=spider&for=pc）

五、乡村人才振兴环境建设

（一）乡村人才振兴政策环境优化

政策是"撬动"人才的有力杠杆，目前乡村振兴一线的环境和条件仍然艰苦，基层肩负的责任较为重大。优化政策环境有利于深化乡村人才体制机制改革，提升乡村人才资源配置效率，充分发挥政府性平台和市场化机制的双重优势作用。

1. 认定政策优化

构建精准灵活的制度体系，破除制度障碍，消除束缚人才发展的因素，从制度层面上制定乡村人才认定和评价标准，把乡村人才培养纳入国家及各级政府的人才培养和考核目标体系，形成乡村振兴战略内生动力的保障机制和激励机制，形成城乡人才合理有序流动新格局，实现乡村人才价值实现和乡村发展的双赢态势。

（1）建立乡村人才振兴的评价指标体系

乡村建立统一的乡村人才振兴评价指标，将乡村人才振兴的指标纳入各级政府的考核目标中；在高校人才培养、就业引导过程中，促进相应政策向乡村人才教育培养倾斜；鼓励社会各类人才到乡村发展。

乡村人才概念引入时间不长，尚缺乏定性和定量的标准，必然会导致建设对象的不明确，以及统计数据的不准确。因此，构建科学规范的识别以及评价体系十分重要。相关部门应树立起构建乡村人才科学概念和分类标准的意识，通过统一规范、统一标准和统一分类来更好地制定行之有效的乡村人才振兴政策。第一，应由组织部门进行官方权威界定，并采用科学的方法对乡村人才进行全面的、系统的识别。第二，根据乡村人才的内涵制定分类标准，按照官方的标准分类方法，把乡村人才的类别、主要人才对象形成正式文书，再以该分类标准和方法形成指南手册，发放到各级负责乡村人才建设工作的管理部门。科学的界定和规范的分类，为提供建设性的工作思路和措施安排打下基础，使乡村人才队伍建设更具专业性和效率性。

（2）建立乡村人才发展基金

依据各地乡村振兴发展需求，明确人才引进方向和人才引进机制，多举措引进大批懂农业技术、懂市场营销、懂企业管理的专门实用人才。

（3）制定普惠性奖励政策

在用地住房、税费减免、金融服务等方面，对致力于乡村振兴事业的实用型、科技型、创业型人才给予扶持，制定合理的收益分配政策，将技术、知识等要素纳入到乡村人才评价体系，不断完善人才培养与引进奖励办法，提高人才引进的覆盖面，用政策留住人才。

2. 支持政策环境优化

长期以来，我国实行的城乡二元户籍制度，使城乡人口流动受到一定的户籍管理制度限制。2014 年虽然取消了农业户口和非农业户口的性质区分，但户籍管理中城乡地域划分仍然十分明显，户籍制度与城乡地域、福利待遇、权益等仍然存在紧密联系，并由此形成不同的利益分割和资源挤占，严重阻碍了城乡之间以及乡村内部的人才流动。

乡村振兴战略的提出，以及国家对农业农村发展的支持力度不断加强，使得乡村的生产生活环境和条件有了巨大改善，未来乡村发展潜力巨大，对城市人口及资本的吸引力会不断增强。但在现有制度下，城市户籍的大中专毕业生、企业家、技术人员等各类人才，由于户籍及与户籍关系密切的各种权益与城市捆绑，难以成为乡村振兴的持续内生动力。因此，要逐步放开城乡人口流动的制度限制，合理引导城市优质人力资源流入乡村发展，满足乡村振兴的现实需要。

另外，目前我国农村土地制度改革取得一定成效，城乡医疗保险和养老保险一体化制度正在实施，打破城乡户籍二元制度，促进城乡人口流动的时机已经趋于成熟。

以推进户籍制度改革为契机，促进城乡人口双向流动。第一，还原户籍制度原始功能。可以借鉴国外做法，例如，美国、法国和日本等发达国家的户籍管理功能主要集中在人口资料统计和管理方面。我国在户籍制度改革中，应加快促进户籍和相关权益的分离，使户籍制度主要服务于人口统计管理，赋予城市和乡村居民公平的自由迁移权。第二，分步骤进行渐进式户籍制度改革。我国城乡二元户籍制度由来已久，农村户籍制度与农民的土地权益、相关社会保障功能相挂钩，推进户籍制度改革需设置一定的缓冲期，并进行分步实施。既要完善城市人口管理与公共服务制度，清除城市户籍与各类公共服务和社会保障权益之间的依附关系，构建以实际居住属地为依据的城市社会治理体制，也要加快推进城乡服务的均等化，着力构建城乡有效衔接制度、具有可移植性的社会保障制度，以及在教育和就业等方面的公共服务制度，以推进公共服务向常住人口覆盖，为城乡人口的自由流动创造基础条件。另外，尝试进行乡村治理"户产分离"，即在明晰农村集体产权的基础上，探索将农村集体经济组织与村民委员会组织机构进行分离，真正将农村居民户口与依附于户口之上的产权权益进行分离，实现乡村按照社区化治理，使社区的公共服务向乡村常住人口覆盖，这样才能更好地稳固农民应有的权利，打破乡村的封闭性，为城市各类人才向乡村流动创造良好的环境和条件。

3. 激励政策环境优化

根据乡村振兴战略对人才的需求，在乡村培育、吸引并留住人才为乡村发展服务的过程中，需要坚持政府引导与市场推动相结合，构建起强有力的激励机制并使之制度化。

第一，对在乡村一线工作的专业人才和党政干部队伍，应切实保障并不断提高他们的工资、津补贴待遇水平，保证职称评定或职务晋升通道的畅通，并在日后重用在基层一线锻炼成长的优秀人才。同时，注重加强对乡村一线人才的人文关怀。

第二，发挥乡村人才振兴中不同主体的整体合力，对于专业人才下乡服务和党政干部下乡任职，除享受各方面待遇倾斜外，还应解决好住房、家属随迁、子女上学等问题。在这方面，可借鉴咸宁市经验，咸宁市党委、政府汇聚地方党委组织、宣传等部门和政府人社、民政、农业、教育等部门的力量。住房管理部门发挥保障性住房、公租房提供等人才安居方面的保障功能；金融部门采取贷款贴息、投资补助、以奖代补等方式，对乡村人才给予政策支持；教育部门对各类乡村人才在子女入学等方面提供优先服务；人社部门实行"一对一"服务，在薪酬福利、医疗保险、养老保障、创业投资等方面解决乡村人才的后顾之忧。各部门分工协作，从发现、引进、培育、流动、留用、发展等方面为乡村人才振兴提供全方位保障。同时，建立乡村高层次急需紧缺人才补贴制度，对乡村及农业园区、合作社等引进的高端专业人才给予特殊政策支持。

第三，引导智力下乡，鼓励城市各类企事业单位和社会各界人才为乡村发展提供智力服务，并对为乡村振兴作出突出贡献的单位和各领域人才进行评选表彰活动，形成典型示范效应。

第四，构建起城乡之间、区域之间的人才对口服务机制，双方政府共同搭好乡村人才供给与需求之间的桥梁，为人才下乡回乡服务提供相应的保障、创造良好的条件。

（二）乡村人才振兴文化氛围提升

1. 营造引才聚才的氛围感

乡村人才的成长与培育不能脱离乡村发展环境和乡村实践环境单独进行，乡村振兴所需要的各类人才，必须在乡村经济发展、文明建设和社会治理的历史进程中逐步成长。

第一,打造"领头雁"聚才效应。以培育一批"懂农业、爱农村、爱农民"的乡村基层干部队伍为核心,带动乡村基层组织和人才建设,形成核心凝聚力量,不仅为其提供干事创业的良好环境,并且在提拔、晋升等方面给予倾斜,让其安心扎根乡村基层,带动乡村人才建设;

第二,营造"新农人"引才效应。乡村人才振兴覆盖了乡村生产、经营、技术、管理等各类人才,为增强人才振兴政策的吸引力和效果,应转变人才建设管理工作思维,鼓励更多的资源要素在乡村汇集,从"引进"向"唤回"转变,以"乡愁"为纽带促进"新农人"人才返乡创业,带动当地群众增收致富。此外,还要重视长期扎根乡村的各类"土专家""田秀才",发挥其优势特长,并搭建好人才交流平台,实现"互学互长""相互促进",带动当地乡村振兴人才聚集并共同成长,形成良好的人才培养成长氛围。

2. 提升重才用才的获得感

制定实施良好的乡村人才政策,还应配合正确的政策宣传和舆论引导,通过营造敬才重才文化氛围,提高乡村人才政策实施的效率。

第一,充分利用广播、电视、互联网等媒体的作用,组织开展院坝会、广播会,一方面大力宣传党和国家关于乡村振兴战略和乡村人才工作的大政方针,宣传各级党委政府关于建设乡村人才队伍工作的政策法规,强调乡村人才在乡村振兴中的地位和突出贡献,弘扬全国乡村人才建设社会主义新农村精神。定期出专栏宣扬当地乡村人才振兴乡村的事迹,不断提高乡村人才的社会地位和影响力,增强乡村人才的责任感和荣誉感。

第二,通过多种途径宣传乡村人才队伍建设的重要性,营造良好的舆论环境。例如,在《光明日报》《农民日报》等中央媒体到地方晚报、电视台、官方视频号和微信公众号等本地媒体上,开辟乡村人才专栏,表扬乡村优秀人才,宣传乡村人才投身乡村振兴的事迹和成果,在全社会营造尊重劳动、尊重知识、尊重人才的良好氛围。

第三，通过乡村人才的榜样力量，吸引全社会对乡村人才队伍建设的重视与关注，营造乡村人才建设的良好文化氛围，使乡村人才队伍不断壮大，为乡村振兴奉献合力。

第四，加强乡村人才市场的法规建设和组织建设，规范人才市场行为，制定并实施一系列有关岗位培训、就业管理、劳动保护、就业保障等环节的法规，保障乡村人才的合法权益。

（三）乡村人才振兴社会价值塑造

1. 转变乡村职业理想价值观

思想意识决定个体的行动选择，价值观念则指引着个体的行动方向。未来乡村振兴中各类人才具有较为广阔的发展空间，但长期以来农业经济收益、乡村生活环境和农民职业发展空间等与城市有较大差距，导致乡村职业的吸引力较弱。因此，转变职业观念并高度重视乡村人才建设，对目前实施乡村人才振兴战略尤为重要。

第一，为适应乡村振兴的现实需要，应将青年职业价值观纳入到青年发展规划与乡村振兴规划中，引导青年树立"倾向基层、倾向乡村、倾向奉献、愿意吃苦"的职业价值观。并将青年职业价值观引导融入相应人才培养制度运行实践中，支持激励广大青年形成倾向于在乡村基层就业创业的职业价值观念，进而使其能够为实现乡村长期振兴而艰苦奋斗。

目前实施的中共中央、国务院印发的《中长期青年发展规划（2016—2025年）》就青年就业创业的发展目标、发展措施进行了科学规划，虽然对青年就业创业方向进行了引导，但仍然缺乏对青年职业价值观发展问题的系统讨论，特别是没有针对乡村人才振兴的实际需求，将乡村发展问题与青年发展问题进行有效衔接；未能利用好政策引导青年投身乡村发展、服务乡村振兴、树立起奉献乡村现代化建设的职业价值观念。因此，为适应乡村振兴的实践要求，需要在制定本地的《青年发展规划》时就青年职业价值观发展问题进行合理设计，更好地指引新时代广大青年做到胸怀大局、心系农村、热心农业、关注农民，进而能够积极投身"乡村梦"，助力实现中国梦。

《乡村振兴战略规划（2018—2022年）》虽然单独就强化乡村振兴人才支撑问题进行了科学系统规划，但缺乏从价值观层面就如何实现乡村人才振兴问题进行合理设计。青年是推动社会实现快速发展的中坚军，在乡村需要人才振兴的现实条件下，为更加高效地引进青年人才、留住青年人才、稳住青年人才，有必要将青年职业价值观引导纳入当前乡村发展的最高行动指南——《乡村振兴战略规划》。通过更为系统的规划、更加科学的制度、更为有效的措施，促使广大青年人才的职业理想、职业情感、职业技能等偏向乡村，进而使他们能够更加积极地走进乡村、助力乡村振兴。

第二，选贤任能，提高乡村人才振兴战略对社会各界人才的重视。重用一批"经济能手""社会贤达""城归精英"，使其"载誉还乡"，为乡村带去新的思想观念、知识技能和财富资本，更好地发挥乡村新乡贤的吸纳和激励机制。对"新乡贤""城归精英"等的认定和管理，以公开公平公正的原则，进行民间推荐、乡村评选。乡村组织与宣传部门形成合力，对有突出贡献的优秀乡村人才给予荣誉，并通过多种渠道进行表彰宣传，增进"新乡贤""城归精英"等回到乡村、建设乡村并能长期留下来的荣誉感和自豪感，同时也在全社会树立起全新的乡村创业就业的价值观念，使选择乡村就业成为新的潮流。

第三，引导和鼓励人力资本向乡村流动并优化配置，是实现"农业强"的必由之路、"农村美"的重要环节、"农民富"的关键之策。其中，重视人才的职业理想价值意识培养，突出宣传相关人才政策在乡村振兴战略中的重要意义，提高选择乡村职业发展的荣誉感和自豪感；利用多种形式广泛宣传乡村人才工作政策、各地乡村人才工作的好经验好做法、各类优秀人才成长历程和典型事迹，营造识才、爱才、敬才、用才的良好氛围。实践中，应注重思想引领，以"服务地方经济"为理念，利用新媒体平台大力宣传引导高校大学生全面理解国家乡村振兴战略，深入开展校地合作，引导年轻人转变对乡村就业的固有偏见，挖掘乡村优秀传统文化，吸引有活力、有激情、敢于尝试创新的大学生投身乡村振兴建设，并以此为人生的价值和目标。

2. 完善乡村价值融入人才培育的模式

教育和人才是乡村振兴发展的内生动力，乡村教育的发展是乡村人才培养和文化振兴的保障。通过有序教育和宣传，提高农民的文化素养和道德修养，反哺乡村发展，促进农民思想意识与时俱进，提升他们在乡村振兴中的创造力和竞争力。"十四五"规划提出了要把我国建成"文化强国、教育强国、人才强国、体育强国、健康中国"的远景目标。到2035年，中国的"社会文明程度得到新提高，社会主义核心价值观深入人心，人民思想道德素质、科学文化素质和身心健康素质明显提高"。目前，要建成教育强国和人才强国必须要先补齐乡村发展的短板，在完善乡村教育发展的基础设施、支持高校涉农人才培养、加大乡村教育投入的同时，多层次融入乡村振兴人才培养的价值观念，助力乡村人才振兴。

第一，以核心价值观教育引领乡村社会文明风尚。"核心价值观是一个民族赖以维系的精神纽带，是一个国家共同的思想道德基础。如果没有共同的核心价值观，一个民族、一个国家就会魂无定所、行无依归。"核心价值观是公民基本的道德规范，是从个人行为层面对社会主义核心价值观基本理念的凝练。发挥核心价值观对乡村教育、思想观念的主导作用，通过价值观教育，扩大对农民主体地位的宣传，引导各类人才树立正确、积极向上、与人为乐的世界观、人生观、价值观。例如，通过时代影片、经典优秀作品的下乡巡回放映，传递正能量、传播精神文明，树立集体观念、爱国思想，宣传和传承中华民族传统美德、道德规范以及乡村传统文化。运用社会主义核心价值观清除封建思想残余，促使乡村由传统农业文明向现代农业文明演进。乡村治理中，通过制定以社会主义核心价值观为模板的村规民约，规范乡村的德治路径，激励村民崇尚真理、崇尚美德，让集体主义、爱国主义的观念深入人心，以树立服务社会、服务乡村、建设国家的理想信念。政府各级相关负责部门要通过科技讲堂、技术培训班等形式，引导农民学习农业先进技术。促进科技下乡，让有能力的专家学者、高水平技术人员通过固定的下乡渠道，为农民传授农业科技知识，传授高产优种经验，培养农业技术人才，教育激励农民崇尚科学、崇尚知识，促进乡村学校教育和社会教育的发展。

第二，以乡风文明建设塑造乡村人才价值观念。"家庭是社会的细胞与核心，是人生的第一所学校"，家庭是人类社会最基本的单位，也是社会生活的基本组织。重视家庭建设，注重家教家风，切实发挥好家庭文明建设的带动作用，以良好的家风传承带动建设良好的民风和乡风，发挥现代"新乡贤"价值引领作用，挖掘好乡村乡贤文化的精神价值和时代意义。"广大家庭都要重言传、重身教，教知识、育品德，身体力行、耳濡目染，帮助孩子扣好人生的第一粒扣子，迈好人生的第一个台阶。要在家庭教育中培育和践行社会主义核心价值观，引导家庭成员特别是下一代热爱党、热爱祖国、热爱人民、热爱中华民族。"父母和长辈以身示范，教化下一代，才能有助于树立关心家国事务、关爱社会的大家风范。

3.推进城乡融合发展，实现城乡价值均等化

推进城乡融合发展是促进城市和乡村共同繁荣的重要手段。党的十九大明确提出"要建立健全城乡融合发展体制机制和政策体系"，并对推进城乡融合发展做了顶层设计。城乡融合发展不仅能够促进人口、资本、技术等生产要素在城乡之间自由流动，为农业农村发展拓宽新的空间，同时也有利于缓解城市人口就业、生活环境等方面的压力，提升资源配置的效率和劳动生产效率，提高城乡人口素质和居民生活质量。

第一，以城乡产业融合推进城乡经济收入的平等化。加快实施质量新农战略，围绕现代农业产业建设发展，提高农产品质量，提升产品附加值，开拓

新市场，促进农业产业链增收，实现现代农业产业高质量发展；把握城乡绿色、生态、休闲观光消费的发展趋势，发挥地方农业比较优势，发展特色生态高效农业，完善配套生产设施，丰富特色产品和服务，提高农业产业就业的收益和社会地位，吸引吸纳更多的乡村人才，推进农业结构调整，推进农业产业化纵深发展。

第二，以城乡空间融合推进城乡居民权益保障的平等化。加快推进"城区—县城—乡镇—农村"的一体化发展战略，以此打破城乡空间存在的壁垒，快速消除城乡居民之间的社会空间界限。统筹实施城乡道路、供电、供水、网络信息等基础设施建设，全面提升乡村在交通道路、水电、数字化建设等方面的硬件设施，实现城乡地域在空间上的融合，保障资源要素向乡村流动，消除城乡居民在生产生活方面的权益差别；统筹城乡公共文化设施布局，加快消除乡村在教育、文化、卫生、医疗等方面的公共服务资源和服务水平与城市存在的差异，完善乡村学前教育、幼儿教育、中小学教育的基础设施建设；推进完善乡镇一级和村一级的卫生医疗设施建设，并加快实施城乡一体化管理体系；推进地方县级图书馆、文化馆等文化设施与乡镇文化站的一体化建设管理，实现村级的综合性的文化服务中心全覆盖，使优质的文化资源能够在城乡之间自由地、合理地流动，最终从多维度缩小城乡之间的资源差距，形成城市与乡村生产生活价值的均等化。

第四章

职业农民培育与农民身份转化的新探索

随着乡村振兴战略的进一步推进，以乡村职业经理人为代表的"新型职业农民"群体不断壮大，并成为推动乡村振兴的重要力量。新型职业农民是推动乡村振兴、解决"三农"问题的重要人才队伍和人力资源。推动农民身份转化，实现"农民"由身份属性向职业属性转变成为各地尤其是发达地区职业农民培育的新趋势，并将成为未来我国职业农民培育、实现乡村人才振兴的主要手段。

　　当前，我国农民身份转化呈现出来源多元化，新型职业农民有情怀、爱农业，生产经营能力强，组织化程度高的特点；显现出转化规模小、整体素质不高、组织化发展滞后的局限和规模不断扩大、质量显著提升、组织规模扩展迅速的良好态势。受制于当前我国国情，这一新型乡村人才振兴探索模式也面临农民基数大，东西部地区差距明显，农民职业素质有待提升以及扶持力度不足的挑战和困境。因而，在尊重我国国情的基础上，围绕"农民身份转化"这一主题，探索出我国乡村人才振兴的发展之路就显得尤为迫切和关键。从现实国情出发，借鉴世界典型发达国家如美、法、日在乡村人才培育中的经验做法，从制度安排、体系建设、政策打造以及资金保障等方面提出了全面建立新型职业农民制度体系，支持"三乡人才"、合力促进转化，加大财政、金融政策扶持力度和强化职业农民教育培训体系的对策。最终通过推动农民从"身份化"向"职业化"转化这一新型探索，实现乡村人才的全面振兴。

一、乡村人才振兴的新探索——农民身份转化

（一）农民身份转化的内涵及特点

1. 农民由身份向职业转化的内涵

（1）政治身份的转变

新中国成立以来，国家实行以"城乡户籍制度"为核心的计划经济体制，促使城乡二元结构的出现，也使乡村居民在相当长的一段时间被严格限制在乡村社会，"农民"既是相对"城镇居民"的政治身份，也是职业的标志。随着改革开放的不断深化和城市化进程的不断加快，我国的城乡二元结构出现松动，乡村居民也有了更多选择自身职业甚至改变身份成为城镇居民的机会，"农民"被赋予了更多的职业属性。近年来，以"新农人"为代表的农业新型经营主体不断涌现，农民的来源不再局限于传统的乡村居民。出生于乡村、已在城市定居的以及出生于城市的居民或出于情感需求，或出于创业愿望，也开始选择"农民"这一职业。此时由"农民"向"新型职业农民"的转化，意味着传统意义上的"农民"已无法满足其作为政治身份表述的需要，而是所有社会成员都可以自由选择的职业了。

（2）思想观念的转变

从历史发展的角度来看，农民由身份向职业的转变，标志着传统农民向现代农民的转变，毫无疑问，其思想观念也随之发生了巨大变化。一般认为，传统农民思想观念较为封闭、保守，而职业农民的思想观念则相对开放、自由。这一点从我国关于职业农民、新型农民和新型职业农民的相关表述中可以看出，如原农业部2012年出台的《新型职业农民培育试点工作方案》将新型职业农民的类型分为生产经营型、专业技能型和社会服务型，2017年出台的《"十三五"全国新型职业农民培育发展规划》将新型职业农民的素质特征表述为"有文化、懂技术、善经营、会管理"。新型职业农民突破了传统农民以自给自足为目的的

生产方式，将农业生产置于社会分工的方方面面、将农业经营置于市场经济的各个环节，其思想观念也由封闭走向市场化、由保守走向多元化。

（3）生产经营方式的转变

农民身份的转化，意味着"农民"这一生产主体生计需求的变化，其对农业生产效率有了更高要求，促进了农业经营方式——这一农民主要生产实践活动的转变。在生产能力上，职业农民是现代化农业的继承者，具有较高的文化素质和科技素养，具有满足农业现代化生产、经营、管理的能力和水平；在经营规模上，职业农民打破了传统以家庭为单位的小规模农业生产模式，更有利于农业科技和机械化的推广，在土地流转的基础上实现规模化、产业化、集约化经营；在惠农政策落实上，职业农民对国家政策的把握有利于提升国家惠农政策和政府服务的针对性和时效性，增强农民抵御生产风险的能力。职业农民有知识、懂技术、会经营，具有现代农业的先进生产管理理念，抗御风险的能力更强，更能促进生产经营方式的规模化、专业化、集约化发展。

（4）组织化水平的转变

职业农民组织化水平的转变主要体现在经济组织化和社会组织化两个方面。经济组织化聚焦于农业生产、经营，传统农业生产的最大特征在家庭式的小规模生产，其组织呈"碎片化、分散化"形式，而职业农民生产组织呈"多元化、组织化"形式，如农民专业合作社、农业产业化联合体等，有效实现了农产品有效供给和农民增收；职业农民的社会组织化仍离不开农业，其表现形式和发挥的作用往往在农业的管理环节有更多的体现，如一定范围内的农业行业协会、农业技术职业中心、职业农民社团等，在农产品的规范生产、农民的技术经验交流等方面也发挥着重要作用。由此可见，职业农民多元化的组织形式将在乡村治理、社会经济发展、农产品供应链管理等广阔视野中进一步发挥其独特的魅力和功能。

2. 我国农民身份转化的特点

（1）来源多元化

区别于传统"农民"的政治身份属性，职业农民更强调其为一种自由选择的职业，因此其来源也从传统农民拓展至由传统农民、返乡农民工、退伍军人、高校毕业生等身份多元化、教育背景多元化、职业规划多元化的个体共同组成的新型职业农民队伍，其较高的生产技术水平、经营能力和超越传统的农业经营管理思维所带来的农业生产、经营、管理上的突破，使他们成为提升小农户、带动小农户的有生力量，为现代化农业发展注入新鲜血液。

（2）有情怀、爱农业

生计或利润是职业农民身份转化的物质需求，情怀则是吸引其身份转化的精神基础。职业农民区别于传统农民的职业被动选择，他们基于对农业、农村的热爱，愿意将农业作为自己的事业追求，对农业生产、农产品供应、农业生态文明建设、农村经济社会发展具有高度的社会责任感，更能激发其在农业现代化建设中的主动性和创造性。

（3）生产经营能力强

科技文化素质、现代化生产能力、产业化经营水平以及一定的市场思维是对职业农民的基本要求，其更大程度上满足了农业生产加快向产前、产后延伸的需要。职业农民素质的提升使其具有先进耕作技术和经营管理技术、拥有较强市场经营能力、善于学习先进科学文化知识；而职业农民的分工分业趋势，进一步增强其生产经营的专业化能力，更好满足发展现代农业的现实需求。据统计，51.6%的新型职业农民销售农产品总额达到10万元以上，31.2%的新型职业农民的土地经营规模超过100亩。同时，68.79%的新型职业农民对周边农户起到辐射带动作用，平均每个新型职业农民约可带动30户农民。

（4）组织化程度高

随着农民身份转化的推进，未来中国农业的从业主体，将呈现出以新型职业农民这一个整体形态为基础的，以龙头企业、家庭农场、合作社等为组织形态的发展趋势。生产经营型、专业技能型和社会服务型的新型职业农民就是各类新型经营主体的基本构成单元和细胞，他们将对加快构建集约化、专业化、组织化、社会化相结合的新型农业经营体系发挥重要的主体性、基础性作用。

（二）我国农民身份转化的现状与趋势

1. 我国农民身份转化的现状

（1）转化规模小

截至 2021 年，我国新型职业农民总量超 2000 万人，约占第三次全国农业普查农业生产经营人员总量的 6.3%，其中返乡创业人群约 1000 万人，其余为传统农户、农资销售商、农产品贸易商等群体。农民身份转化的来源呈多元化态势。但总体结构较为单一，现有规模尚难以满足农业现代化建设的需要。

（2）职业农民素质不高

我国完成身份转化后的职业农民中，45 岁及以下的新型职业农民占 54.35%，高中及以上文化程度的新型职业农民占 30.34%，且仅有 7.5% 的新型职业农民获得了国家职业资格证书，15.5% 的新型职业农民获得了农民技术人员职称认定，21.1% 的新型职业农民正在接受学历教育。以上数据虽较以往均有所提高，但仍面临年龄结构整体欠优化、受教育水平整体不高、人才储备力量不足等问题，在规模上与满足"懂技术、善经营"要求仍存在一定差距。

（3）职业农民组织化发展滞后

据不完全统计，全国 16 个省份的各类新型职业农民协会或联盟数量达到 324 个，49.69% 的新型职业农民或加入农民合作社，或与农业企业建立联系，组织化程度逐步提升。但仍面临职业农民组织总量少、与合作社企业联系不够、职业农民组织化程度低的现状，职业农民的组织化发展较为滞后。

2. 我国农民身份转化的趋势

（1）转化规模不断扩大

我国农民身份转化的规模正不断扩大，全国新型职业农民总量已由 2017 年的 1500 万人发展至 2021 年的 2000 多万人，占第三次全国农业普查农业生产经营人员总量的比例也由 4.78% 提升至 6.3%，规模增速明显加快。

（2）发展质量显著提升

目前，我国 45 岁及以下的新型职业农民占 54.35%，高中及以上文化程度的新型职业农民占 30.34%，较以往均有所提高，新型职业农民年龄结构正在优化，受教育程度逐步提升。这意味着，新型职业农民发展质量也显著提升。

（3）职业农民组织发展迅速

全国各类新型职业农民协会或联盟数量较少、规模较小，但其发展势头较猛。如陕西省于 2018 年成立全国第一家省级职业农民协会，截至 2021 年，全省共成立 37 个职业农民协会，其中省级职业农民协会 1 个，市级职业农民协会 7 个、县级职业农民协会 29 个，共吸纳会员 1 万余名。全国新型职业农民协会占新型职业农民各类组织总数的 24.6%，49.69% 的新型职业农民与农民合作社、农业企业等在农业生产、经营领域建立广泛联系，且这一比例正稳步提升，新型职业农民组织化程度逐步提高。

（三）身份农民向职业农民转化的新探索

1. 国家新型职业农民培育试点（2012 年开始建立试点县）

2012 年农业部在安徽蚌埠召开的新型职业农民培育工作试点启动暨研讨班上，决定在全国 31 个省（市、区）选择 100 个试点县，每个县根据农业产业分布选择 2-3 个主导产业，力争通过 3 年试点，培育新型职业农民 10 万人。并将在总结各地新型职业农民培育经验的基础上，形成教育培训、认定管理、政策扶持等互相衔接配套的新型职业农民培育制度体系，全面推动我国新型职业农民培育工作，造就一支综合素质高、生产经营能力强、主体作用突出的新型职业农民队伍。

2. 东部地区的实践（发达地区的实践案例）

（1）校地对接型模式的典型案例

江苏省 T 市的新型职业农民培育运用了典型的校地对接型模式。江苏省 T 市具有发达的工业和服务业，农业的体量与它们相比并不占优势，但一直走高质量的发展之路。以 2018 年为例，全年 T 市一共新建高标准农田 2.1 万亩、粮食绿色高产创建示范方 8 个，新增农业经营主体 19 家，实现了主要农作物的全程机械化生产。以校地对接型模式为主的新型职业农民培育模式是 T 市农业发展的基础之一，这种模式促成了"地方提出需求、学校执行培育"的对接关系。同时学生又能在当地企业、农业园区等场所进行针对性的实践学习，地方拥有了合适的人才，学生解决了就业问题，形成了良性闭环，满足了现代农业对农民素质的高要求。

首先，在招生准入上，从 2013 年开始，地方企业、乡村和农业园区开始和苏州农业职业技术学院、江苏农林职业技术学院等学校合作，这些学校专门为用人单位培养新型职业农民，接受培育者要具有本地户籍，具备高中学历，能通过学校的招生考试，并且要满足企业的用人标准，有时甚至会在招生时确定学生毕业后的工作岗位。值得注意的是，这些准入条件都充分体现为定向培养服务，选取两所职业院校而不是普通高校，是为了留住学生，使其向基层发展；选取高中毕业生是为了保证新型职业农民的培养质量；要求本地户籍是希望学生能扎根本地、为农业生产服务，这一系列的准入措施确保了学生都能与当地企业的需求相吻合。

其次，在培育教学中，构建了以培养岗位技能为中心的模块化课程体系。该课程体系主要由基础课程、专业课程和拓展课程三大部分组成。其中，最为核心的专业课程分为生产技术模块、装备技术模块、信息技术模块和管理技术模块，实现了对各种类别农业技术教学的全覆盖，这些课程设置都紧贴岗位需求，体现出了极强的针对性和实用性。例如，面对一些岗位的拖拉机驾驶要求，江苏农林职业技术学院在农机应用这门课里专门加入了相关内容，并聘请太仓农机监理站的老师来讲课，帮助学生尽快拿到国家认可的驾驶资质。除此之外，在任课教师方面实行"双任课教师"制度，专业课程由学校老师负责教授，实践课程则由地方、企业的技术骨干负责，既保证了学生专业知识的学习质量，又加深了其对专业技能的理解。

最后，在实践训练上，学校通过与地方企业的合作，充分整合利用了已有的教学资源，将学校内的实践基地与江苏省职教集团、地方农场等单位联合起来，建立了比较完善的实训体系，涵盖了基本技能实践、生产性实践和综合性训练，真正实现了学生学有所用、到岗即能开展工作。

（2）农民学院"七位一体"新型职业农民培育模式

农民学院"七位一体"新型职业农民培育模式，是指地方政府以整合区域优势教育资源为基础，以新型职业农民培育工程为突破口，以人的全面发展为目标，创办农民学院，以此为依托建立包含项目管理、项目运作、师资组建、教育培训、认定管理、政策扶持、教育评价等在内的"七位一体"的培育模式。

浙江省湖州市是该模式的典型实践者。湖州市是传统农业大市，经济发展水平相对较好，但农民平均受教育年限为7.2年，大学以上文化程度农民仅湖州市全部农民的2.5%。为提高湖州农民的文化水平和职业技能水平，2010年，湖州市市委农办、湖州市市委农业农村局、湖州职业技术学院、浙江大学农生环学部联合发起成立全国首家地市级农民学院，致力于培育"学历＋技能＋创业"型农民大学生。主要做法分为七个方面：一是项目管理实行"政校合作＋部门联动"。湖州市委、市政府成立新型职业农民培育工作协调小组，统筹农业、林业、教育等有关部门参加，全面负责培育工作。农民学院负责制定培养方案、组织开展培训、统筹管理师资和承担认定事务等。二是项目运作实行"政府主导＋行业指导＋学院组织＋基地实施"。湖州市政府统筹制定新型职业农民培育培训实施方案和主导产业培训计划，整合区县农民教育培训资源设立培训基地，农民学院和培训基地负责摸底调研建档入库，培训基地具体实施培训。三是师资组建实行"省市校乡＋农科教技"四合一。聘请知名院校教授、省内科研院所专家、农机推广人员和具有丰富实践经验的种养经营大户为新型职业农民培训。四是教育培训实行"农业知识＋职业技能＋生产实践＋创新创业"，系统提升农民的职业素养、职业能力、技术技能和创业能力。五是认定管理实行"直接认定＋培训认定"。对获得大专以上或涉农专业中职学历文凭，并从事农业生产经营和服务的人员，予以直接认定。对符合一定条件、参加培训的人员，培训合格后按照认定标准予以认定。六是政策扶持实行"人才＋产业＋科技＋金融保险＋社会保障"。七是教育评价实行"自评＋网评＋第三方评价"。

3. 中西部地区的实践（一般或欠发达地区的实践案例）

（1）产业推动型模式的典型案例（中部地区）

陕西省 A 市在培育新型职业农民过程中以产业推动型模式为主。陕西省 A 市的安康阳晨现代农业集团有限公司（以下简称"阳晨集团"）是一家集商品猪繁育饲养、饲料研发、生物新能源开发利用为一体的高新技术企业，现今具有 20 家分子公司和一个生猪产业联盟，为生猪科学养殖和当地经济发展作出了卓越贡献，是 A 市商品猪生产企业的领头者。为了发展壮大自身，推进当地产业的进一步发展，阳晨集团从 2011 年开始对联盟户进行培训，2013 年底随着 A 市阳晨生猪职业农民培育基地的成立，当地已经形成了以生猪产业联盟为载体、生猪生产企业推动的新型职业农民培育模式。这种模式以满足阳晨集团对生猪生产标准化、信息化的需求为培育目标，通过培养新型职业农民来服务产业、稳定产业。首先，建立生产产业的培育主体地位，发挥产业联盟的优势。A 市充分利用基于阳晨集团建立的产业联盟，把产业联盟作为培育农民的主要载体，通过联盟培育农民，使其与产业的关系更加紧密，主要有以下 3 条路径：第一，将阳晨集团的员工入职培训作为新型职业农民培育活动来实施，工人在产业联盟中接受一系列的培育教育，学习相关的生产技能，参加相关生产实践，然后在企业中担任技术工人。一方面农民可以直接服务产业联盟，另一方面产业联盟通过实践操作促进农民对技能的掌握，既保证了新型职业农民的培育质量，又为产业联盟提供了合适的劳动力，实现农民与企业的双向获利。第二，直接对产业联盟内部的联盟户进行培育。培育内容主要涉及现代企业的经营管理、生猪的现代化养殖等，这一路径主要为建立产业标准的统一化、透明化、信息化服务，实现产业联盟内部的高效率运作。第三，对阳晨集团的客户进行培育。这些客户大多是当地散户农民，以传统方式经营农业，购买企业的种猪和饲料等商品，产业联盟在提供售后服务的基础上对其进行培育，促进其综合生产技能的提升，从而吸引他们扩大生产规模并加入产业联盟，实现由农民到联盟、联盟到农民的良性循环。

其次，联合政府、企业，形成完善的保障体系。在以产业联盟为主体的培育活动中，A市政府发挥着保障培育质量的职能，具体体现在新型职业农民的资格认定上。A市政府于2013年制定了《A市职业农民资格认定管理暂行办法》，对职业农民资格的认定标准、认定流程全程监督。农民在获得培育结业证书后，信息会统一上报县级主管部门，由县级主管部门签署意见并颁发县级新型职业农民证书。获得证书的农民必须继续从事相关行业，生产一段时间后，接受A市政府组织的考核，由市政府组织专家评审，为合格者颁发市政府认可的新型职业农民证书，并在行业内享受政府的政策优惠和扶持。企业则为培育提供全面的软硬件保障。阳晨集团作为当地生猪生产的龙头企业，为新型职业农民的培育提供培训教室、实操车间、员工公寓等硬件设施，同时在企业文化、生产技术、经营管理等方面给予培育支持，并且全程参与新型职业农民培育对象的筛选、教学规划的制定、教学管理制度设置等，运用企业自身紧贴产业第一线的特殊优势，成为培育保障上的重要一环。

总体来看，A市产业推动型培育模式使当地拥有了一大批熟练掌握生猪饲养技能的新型职业农民，有力地促进了相关产业的发展。与其他模式相比，A市实行的产业推动型模式不完全是政府政策调控下的产物，而是带有鲜明的市场需求特点，是企业资本与社会资本结合产生的市场化活动。生猪产业联盟代替了以往政府的部分职责，将大量外部性的矛盾内部化，节省了处理成本，为培育提供了知识分享平台，是这一模式发展运行的主导和纽带。这必然促使产业、企业、政府和农民的利益结合更加紧密，对于凝聚各方力量开展培育大有帮助。但同时也要注意到，A市实行的产业推动型模式在运行过程中抗风险的能力相对较小，农民是否有参与新型职业农民培育的意愿只与其是否想进入生猪产业有关。在产业不景气的情况下，相关培育活动就会萎缩，具有较大的不确定性。除此之外，因为政府在产业推动型模式中参与角色较少，各方利益分配需要企业来协调，如何使各利益主体之间充分行使权利和履行义务、保证培育工作的高效率运行是一大挑战。

（2）政府主导型模式的典型案例（西部地区）

C市地处四川西部。截至2018年末，全市共有耕地56万亩，农机化率89.58%，全年农业产业生产总值37.74亿元，是我国重要的粮食生产地。C市作为全国首批新型职业农民培育试点市，新型职业农民的培育起步较早。自2009年以来，经过10年的发展，已经摸索出了一条由政府主导培养农村职业经理人的新模式。农村职业经理人是新型职业农民的典型代表之一。围绕该类人才培养，C市实施的新型职业农民培育模式主要由经营主体的改革、农村职业经理人的培养和保障体系的构建这三大部分组成。

首先，在经营主体的改革上，政府通过制定一系列政策对当地的农业生产关系进行了调整，建立了土地股份合作社，即允许农民将土地承包经营权作为股份加入合作社，合作社由专门的农村职业经理人进行管理，不但降低了生产成本、提高了农业生产的规模化程度，而且刺激了培育需求，为新型职业农民提供了实践场所，提高了地方开展培育工作的积极性，实现了良性循环。

其次，在农村职业经理人的培养上，政府通过在教育教学、资格认证两方面把控质量来进行引导。一方面，教育教学主要包含：第一，政府统筹规划师资资源，从四川农业大学、省农业科学院抽调专家和学者，组建了面向新型职业农民培训的教师队伍，并建立了相应的教学质量考核体系，对教师在科研示范、成果推广和教学培训等方面的工作进行考察，并将这些结果作为其评优评奖的参考依据，同时成立导师制度，在制度上建立教师与乡镇农技员的直接联系，实现了教师队伍建设的规范化、制度化，促进了农业科技的推广和普及。第二，政府为培育活动的开展提供了良好的环境，主导建立了培训中心、实习基地和技术专家大院，并对培育教材进行了统一编排，设立了完善的培育制度。第三，在政府的引导下，通过市农发局和省农广校组织协调，省农广校承担了主要的培育工作。以粮油和生猪为例，课程不仅涉及专业的生产技能、经营管理培训和道德素质教育，而且包括实践训练内容，教育质量有保证。另一方面，资格认证主要包括：第一，政府部门建立了学习时间认证制度，学员必须接受不少于120小时的专业教育。第二，学员毕业要接受技能考核，生产技能、管理技能、职业素养的占比为4：5：1，成绩合格方能获得职业经理人的申请资格。第三，在职业经理人的资格评定上，按照各项指标分级评定，并将合格者纳入人才管理库，这些资格认证制度基本覆盖了培育的全过程。

最后，在保障体系的构建上，政府运用大量行政手段，对新型职业农民的培育提供了完善的保障体系。具体体现在：第一，为农村职业经理人提供了政策扶持，这些新型职业农民除了能享受农产品规模化种植补贴外，还可以获得意外伤害补贴、参训误工补贴、就业扶持补贴和社会保险等多种财政资金的政策支持。第二，为相关产业的发展提供了政策扶持，为农业发展提供了相对应的金融服务。农民可以凭借培训证书获得国家的农业生产贷款，而且证书级别越高，贷款额度越高，同时积极鼓励民间资本与农业银行合作，为农业融资、农村产权抵押等服务提供了政策支持，有效降低了新型职业农民的生产风险。

C市通过政府主导，基本建立了以培育农村职业经理人为中心的新型职业农民培育体系，对当地农业的发展产生了深刻影响。在这种模式下，政府宏观调配、统筹兼顾的强大优势得到充分发挥，培育工作除了建立一套完整的农村职业经理人教学流程外，还受到了经营主体改革和保障体系建设的扶持，使得培育工作的开展与土地制度、金融服务政策成为一个整体，实现了农业生产关系制度改革，为新型职业农民提供了最为合适的生产制度，解决了"英雄无用武之地"的问题。但也相对忽视了非政府组织的作用，民间力量在培育过程中的参与度不高，对农民的培养也缺乏分类化、精细化操作，可见，非政府组织在乡村职业经理人培育方面仍有很大的可发挥空间。

二、从身份农民向职业农民转化困境分析

（一）农民基数大

1. 第一产业就业人员多、比例高

农民既是我国现代化建设的依靠力量，也是现代化改造的对象。不同于西方现代化过程中将农民视为"历史的弃儿"，我国的农民在现代化进程中作出了巨大的贡献，并至今仍在保障粮食安全、农产品供给、劳动力输出等方面推动着我国的现代化进程，是我国现代化建设的源泉和动力。然而，由于历史遗留的经济、社会等客观因素，截至2021年，我国第一产业就业人员1.71亿人，占总就业人口的22.9%，且受教育程度较低。大量的低素质农业人口及其带来的低水平的乡村发展，严重制约着现阶段我国农业农村现代化建设，也为新时代农民转化所需的识别、培训、土地流转等带来诸多困境。

2. 农村劳动力进一步转移难度大

农村劳动力由农村转移到城镇、由第一产业转移到二三产业，既可促进劳动力资源的有效配置，也可为职业农民的发展奠定充足的土地等资源基础，有利于农业生产的规模化、产业化。然而，随着城镇化进程的不断加快，自2012年至2021年10年间，全国农民工总量由2.63亿人仅增至2.93亿人，增速逐渐放缓。青壮年劳动力大量外流以及全国性的人口老龄化程度不断加深，导致现存农村劳动力人口年龄较大、受教育水平较低、非农就业能力较弱，且农业现

代化的推进使得农业生产过程中的劳动力需求进一步减少，低端劳动力的就业竞争进一步增强，农村大量剩余劳动力（2021年约为1亿人）进一步转移的空间逐渐缩小，转移日益困难。

（二）东西部地区差距明显

1. 农民转化数量与素质差距

近年来，随着我国各地区农业现代化建设的不断发展，西部大开发、精准扶贫战略的不断落实，以及国家乡村振兴战略的全面推进，我国新型职业农民总体规模快速扩张，增速较为明显，但我国经济社会发展长期存在地区差距，导致农民身份转化的区域差异仍明显存在。首先，最直观的差距是总体规模及增长速度差距，东部地区新型职业农民较大、增速相对较高，接着是中部地区和东北地区，西部地区新型职业农民增速相对较缓慢。其次，新型职业农民的年龄结构和受教育水平存在差距，具体表现在文化教育程度、职业教育水平、从业年限、农业技术资格水平、农业信息化利用水平等方面。最后，东中西部地区在专业教育体系建设上的差距也较为显著，如教育对象、教育条件和教育结果等方面皆存在较大差异。以上方面的差距最终导致我国东中西部地区农民转化的数量以及转化农民的综合素质差距明显。

2. 生产经营状况差距

我国东中西部乡村经济业态存在明显差距，所以农民身份转化的一大差距还体现在转化质量上，尤其表现为新型职业农民生产经营状况的差距，其中包括经营规模和结构差距、组织化建设差距、生产带动能力差距几个方面。经营规模和结构的差距主要体现在新型职业农民土地经营规模、农业经营种类、农业产业化程度、经营营业额、一二三产业所占比例等方面；组织化建设差距主要体现在新型职业农民行业组织数量和影响力水平、加入农业合作社或与企业建立联系的比例和参与深度、各地政府对新型职业农民的号召力等；生产带动能力差距主要体现在新型职业农民带动的农户数量、带动农户增收水平、带动农户生产经营能力提升水平以及对当地产业发展的贡献程度。

（三）农民职业素质有待提升

1. 年龄结构欠优制约未来发展

当前我国农民的身份转化以种养大户，家庭农场的主要成员，农民专业合作社组织、农业庄园、龙头企业、基层农业社会化服务机构的业务骨干为重点对象。在完成身份转化的新型职业农民中，年龄在45岁以上的约占45.65%，且随着农民身份转化规模的持续扩大，45岁以上的新型职业农民群体必将不断扩充。但其老龄化程度有加深的风险，加之对新型职业农民后备力量吸引和培育的力度不足，这一群体年龄结构在未来发展过程中断层的风险仍然存在。

2. 受教育水平偏低制约发展动力

我国农民受教育的程度整体偏低，科技素质有待提升。有关数据显示，我国农民初中、小学文化程度占70%以上，高中文化程度占比不到18%，与城镇人口受教育程度相比差距较大，而目前我国新型职业农民的主要来源仍为农村人口，这也就直接导致了已完成身份转化的新型职业农民群体整体受教育水平不足，如文化教育程度偏低、职业教育水平偏低、技术资格认证水平较低等。受教育水平偏低制约发展动力，发展动力不足随之带来的是农业绿色化水平不足、农业高质量发展转型困难、农业产业化程度偏低以及高值农业难以发展等问题，严重制约农业农村现代化、高质量发展。

3. 职业教育培训体系不健全

目前我国新型职业农民培育体系仍不健全，在职业农民教育、资格认定和管理上尚无完善的政策与法规。从实践来看，我国职业农民的培育在培育对象、培育主体和培育内容等方面仍停留在传统阶段。在培育对象上，培育虽突破了身份的限制，将从事农业发展相关工作或者接受涉农专业教育的年轻人纳入到新型职业农民的培育对象中，但仍较多围绕农业生产技术人员开展，对乡村治理、乡村产业规划等综合性人才重视程度不足；在培育主体上，培育仍以政府为主导，以自上而下的灌输式教育为主要培育方式，培育对象缺乏主动性、培育效果不佳；在培育内容上，培育仍以传统的种植养殖技术为主，对未来农业农村发展的热点如农村电商、休闲农业、农文旅产业融合、农产品加工等新业态关注不足。整体来看，农业教育培训体系的不足制约了农民身份转化的进程，致使农民身份转化的专业化、标准化水平较低，综合能力较弱。

（四）扶持力度不足

1. 政策保障不健全

现阶段我国对农民身份转化的扶持中，政策保障仍不健全，集中体现在职业农民资格认定和管理、土地流转、政府财政资金引导、银行贷款、经营风险保障、个人社会保障等方面。职业农民地位以及政府在这一过程中的政策法规支持、资金投入保障等缺乏清晰界定；造成农民身份转化过程中地方政府政策缺乏足够的法律支撑，转化主体顾虑大、包袱重，转化结果吸引力不足、人才难以真正沉淀等难题。

2. 财政补贴覆盖小

财政补贴对农民身份转化支撑的不足体现在广度和深度两个层面。就支持的广度而言，如2017年全国只有11.1%的新型职业农民享受到规模经营补贴，而同期这一群体土地经营规模在100亩以上的比例已达到31.2%、实现农产品销售总额10万元以上的比例已达到51.6%；就支持的深度来看，目前国家和各级财政，对农民身份转化的支持多集中在产业扶持、具体培训上，对上游的职业教育培训主体、人才吸引等方面的支持力度明显不足。导致财政资金的支持力度和使用效果与农民身份转化、新型职业农民培育的目标仍存在较大差距。

3. 金融支持力度小

金融对农民身份转化的支持应体现在职业农民融资能力和成本、抗风险能力上。从新型职业农民融资能力的具体实践上看，在不考虑融资成本的情况下，据统计，2017年在全国有金融贷款需求的农民中，仅有12.3%的新型职业农民贷款需求得到充分满足。然而在抗风险能力上，目前我国农业生产经营中的主要保险产品为种植业保险、养殖业保险和林业保险，其保险产品性质集中在自然灾害损失、动物疾病死亡、意外事故损失方面，且我国政府对农业保险的支持聚焦于战略性农产品如水稻、小麦、生猪等的政策性保险，不论是保险种类还是经营模式，均与新型职业农民的生产经营需求存在一定差距。我国目前对新型职业农民的金融支持力度尚无法形成融资能力强、成本低、抗风险能力强的良好格局。

三、发达国家农民身份转化经验借鉴

（一）发达国家的主要做法

1. 重视制度保障

为支持职业农民教育培训，西方国家通过构建多元参与的协作机制，在资金、师资、教学内容等方面，加强对职业农民的职业教育保障。美国采用一系列措施激励企业、协会、社区参与到培训中来，制定政策时综合考虑产业界和单位个体的利益：允许单位支付给受教育培训的新型职业农民的工资低于最低工资标准；提供财政激励措施，如美国政府利用竞争性拨款的方式资助新型职业农民职业教育与培训，通过考量"形式上多元主体组团合作、内容上与农业发展相结合、培训项目配以资质证书"等条件进行择优资助；设置培训税，对培训投资设置最低额度，不满足最低额度要求的将"应付数额"上交联邦政府。德国在制度保证以及企业、学校各方统一的背景下，职业教育呈现多方协调发展的良好态势：职业农民培育经费投入中，政府与企业投入比例是一比三，政府主要承担人员工资、管理费、校园维护费等，企业主要承担学员工资保险、设备折旧费、教材资料费等；"企业联合职业培训"模式将各类型农业企业的资源有机整合，保障职业教育向集成化、信息化发展，达到了培养高素质复合型职业农民的目的。澳大利亚的TAFE（Technical and Further Education）学院是澳大利亚政府资助的最大、最主要的公立职业教育与培训机构，政府通过管理TAFE学院实现国家主导职业教育与培训，鼓励企业、协会、社区参与教育培训。TAFE学院是职业教育与培训的主体，它是职业教育机构，也是政府执行其政治和经济政策的载体。综上所述，国外政府在培育各类、各层次新型职业农民的保障机制中起到了引导或主导作用，促成了多元主体参与协作。

2. 重视资格准入

在欧洲国家，英国和德国长期保持着重视职业教育立法的传统。1982年，英国政府颁布了《农业培训局法》，1987年对其进行了相当大的修改和补充，从而大大加强了农民的职业教育与技能培训。同时，英国政府还不定期地对农民培训工作进行有组织的调查研究，针对调查中发现的问题及时制订改进措施。1995年英国先后发表和颁布了五个与农业职业教育有关的白皮书和政策法规。德国1964年和1973年颁布实施的《产业训练法》及《就业与训练法》，对职业教育机构的设置和管理、职业培训的设施与质量控制作出了制度上的明确规定。德国农业行业中共有14个国家承认的职业培训行业，这些行业对职业名称及职业方向、职业的具体职业技能和培训要求均作了严格规定，并由主管部门依据职业教育法对实施情况进行监控，违反规定或不合要求者将受到严厉处罚。

大多数西方发达国家都建立了职业农民职业准入制度。英国的农民职业资格证书分为农业职业培训证书和技术教育证书两类。法国农民培训的职业资格证书有四种。加拿大推行"绿色证书"制度，未获取绿色证书的农民不能成为职业农民也不能继承或购买农场。德国的职业农民准入制度更为严格，想成为一个合格的德国农民，要经过严格的实践劳动锻炼和理论学习。德意志联邦法规定，进入农业职业学校的学生，在受教育之初就要与有农业师傅管理的农场签订从事农业生产的劳动合同，并按法律要求在农业协会登记备案，在农业师傅的指导下参加农业实践劳动。生产实践和理论学习达到联邦法要求后，学生需要参加全德的农业职业资格考试，合格人员取得农业职业资格证书后方能成为农业工人。农业工人经过三年的农业职业教育并取得初级农民资格后，还要经过五年的生产实践并通过国家考试才能取得农业师傅资格，成为职业农民并享有政府对农民实行的各种补贴政策。

3. 重视农民教育培训

国外农民教育培训起步较早，例如英国，可以追溯到 1601 年。经过多年的发展，国外职业农民培训体系已相当完善，形成初、中、高三个互为补充的有机系统。

国外初等职业农民培训是通过阶段性的培训、技术指导等方式，提高现有农民的知识水平和农业技术水平，改善其农业经营管理能力的一种普及型的职业教育培训。初等职业农民培训的主要特点为培训普及范围广。韩国的"4H 教育"就是如此。韩国政府将"4H 教育"用于初等职业农民培训中，主要目标是通过培训课程的讲授，使农民具有聪明的头脑、健康的心理、健康的身体和较强的动手能力。美国除了有公立学校开展的培训，在秋冬季的农闲时期，也会开展初等职业农民培训，培训对象是成年农民，由当地高中教师在夜校进行培训。

中等职业农民培训是培养"农业后继者"的主要培训形式，目标是对没有接受过农业教育的新农民提供从事农业经营所需的基础知识，并根据专业特点将其培养为具有独立经营能力或具备某项专门农业技术的职业农民。各个国家普遍都将中等职业农民培训作为职业农民培养体系中的最关键环节，突出强调培训的专业性和实用性。

国外高等职业农民培训不仅需要进行一定课时的课堂理论学习，还要求在农场实践中获得学分，实践教学也成了教育的重要环节。以德国为例，"实践式教学"和"学徒式培训"是德国农业教育的显著特征,且随着年级的提高,教学中理论教学比重逐渐下降、农场实践和操作教学比重逐渐增加,农场实践成为德国高年级农业学生的重要学习内容。

4. 重视政策扶持

通过立法确定职业农民教育地位是国外的典型做法。美国从1862年开始,为推动国内农业发展,调动职业农民从事农业工作积极性,保障农民职业教育权利,颁布了《莫雷尔法案》(1862年)、《史密斯—利弗法案》(1914年)、《史密斯—休斯法案》(1917年)、《哈奇法案》(1939年)、《就业机会法》(1946年)等法律,基本建成了职业教育法律体系。德国1969年起颁布的《联邦职业教育法》《联邦职业教育促进法》以及《联邦职业教育保障法》三部法律构成了其职业教育的法制基础。其中,《联邦职业教育法》在法律上确立了双元制职业教育模式,《联邦职业教育促进法》和《联邦职业教育保障法》将保障措施纳入法制轨道。另有相关部门颁发的《职业教育条例》《培训教师资格条例》与《农业行业协会毕业考试条例》等作为辅助。韩国从1949年开始,先后颁布了《教育法》《农村振兴法》《农渔民后继者育成基金法》《农渔村发展特别措施法》《农业和农村社区综合计划》与《农业和农村社区10年中长期政策框架》,这一系列法律在职业农民培育的目标、经费支撑、方式、内容等方面作了详细规定,对该国的职业农民的教育与培训起着保驾护航的作用。加拿大1913年制定了《农艺教育法》,后来颁布了《失业人员及农业补助法》和《国家林业计划》等法律法规,保障并促进了农民职业教育的发展。美、德、韩、加等国的实践证明,国家农民职业教育与培训立法越早,农民职业教育与培训开展得越好,农业也越发达。

5. 重视青年农民发展

当前,欧盟农业共同政策的改革目标之一就是加强对农业生产者的支持,其中对青年农民的支持是其生产者支持政策的重点之一。近些年,欧盟共同农业政策对青年农民的资金支持力度在逐渐加大,资金来源渠道也越来越多元化,覆盖范围不断扩展。这些政策将直接性支持与间接性支持相结合,坚持强制性与灵活性并行的原则,具有明确的政策导向。

总的来看,欧盟的青年农民支持政策体现出几个明显的特点:一是体系完整。相应政策措施既包括对新加入者的培育,也包括对已加入者的支持,呈现出明显的"扶上马"再"送一程"的特点。二是针对性强。虽然欧盟相应扶持项目较多,形式灵活,但它们的政策目标主要是解决青年农民面临的土地获取、资金融通困难和农业知识缺乏这三个主要问题。欧盟将青年农民支持列为共同农业政策的重要组成部分,要求成员国必须采取相应措施,保证了政策的连续性。

(二)发达国家农民身份转化案例

1.美国:大型企业、农场为主导,大学进行技术推广

农业合作推广服务计划是美国历史上规模最大、持续时间最长的成人教育培训运动,由联邦、州、地方政府及社会组织联合实施,依托农业院校,运用示范、咨询、专家指导、评估等方法,将农业科学知识和研究成果传送给学习者。

(1)服务对象和目标

作为一个公众支持的非正规教育培训体系,计划的服务对象主要是农业和食品领域挑选的从业者、私有森林拥有者、农业家庭、农业管理者、农民居住地的社区居民等。计划的服务目标主要有:大力推广实用知识和技术,满足国家对食品和纤维供给稳定充足的需求;满足所有愿意参与食品和纤维的生产、加工、分配和消费的人的学习需求,培养农业机构和乡村社区的领导人才和带头人。

(2)服务内容

一是农业生产和自然资源保护。重点是农作物和家畜的生产、商业管理、销售控制和环境改善等。二是家政学。主要包括食品科学、家庭经济、家庭生活、健康和安全以及纺织等方面的知识和技术。三是青年"4H"发展计划。"4H"

代表头（head）、手（hand）、健康（health）和心（heart）。四是社区资源管理。对象是农业地区以及人口在五万以下的小城镇，重点是协助当地政府和就业、住房、卫生、教育等有关机构，改善乡村地区居民的生活环境和质量。

(3) 实施主体

专业人员和志愿者。联邦政府派出的管理人员和政府雇员，州政府派出的管理者和专家都来自高等教育机构和赠地学院（大学），县级机构的管理者一般是政府雇员。另外，政府还从社会上招募志愿者，通过集中的专门化培训，在规定时间内完成服务任务。

高等院校和非政府组织。全国州立大学和赠地学院协会的下设机构——农业推广组织与政策委员会，开办了一些区域性学校；为培养教育培训方面的专业人才，成立了培训期限为一年的农业推广冬季学校。许多州政府鼓励和支持工作人员参加州外由专门职业协会召开的继续教育会议。

各级政府及其他机构。联邦农业部农业合作推广服务处在实施计划的过程中，与相关机构联手，共同开展相关活动。如与州和联邦资源管理部门协作，向社区居民和土地所有者实施技术援助计划。此外还借助于其他机构的资助或委托开展专门项目，比如在联邦农业部环境保护处的资助下，开展正确使用农药的专项教育培训。

(4) 实施手段

示范是最常用的方法。从事合作推广服务的机构或代表在愿意接受新技术试验的农场，推广新技术和新工艺，用实际成果向农民展示新技术，使农民自愿学习和应用新技术。随着信息技术的迅速发展，农民还可以通过网络、出版物、电话、电视以及VCD等方式了解先进的技术和工艺。

(5) 实施效果和影响

依托美国农业部和各州的赠地大学，通过示范、咨询、培训、推广等方式，将农业和与之相关领域的科学知识和研究成果传送给农民、农业负责人、农场、家庭及社区。该计划在近一个世纪的时间里得到成功实施，实现了个体、家庭、团体、社区、县、州和国家共同的目标。计划持续时间之久，参与对象之多，传播范围之广，政府重视程度之高，影响之深远，在美国农业教育培训史上是绝无仅有的。

2.法国：强化资格准入，促进农民职业化

（1）政府高度重视和大力支持

法国政府重视农业教育的传统由来已久。1848年，法国历史上第一所农业技术学校经国民议会批准在图鲁兹建立。1960年《农业教育指导法案》颁布后，农业技术教育发展很快，至1975年，全国建立了一批农业科研机构和农业高等院校，各省建立了农业中学，科学完备的农业教育培训体系逐渐形成。法国的农业教育体系包括公立和私立学校，培训经费主要来自政府拨款、农协征税和土地税征收。法国政府每年投入大量资金支持农业教育发展，2001年对农业教育和科研的公共投资达18.6亿欧元，囊括了农业技术教育、就业前学徒培训和就业后继续培训等内容。法国农民在参加培训期间还能够领取补助费，补助费根据培训时间的长短，雇主承担一小部分，余下的由政府或农业专业协会组织的培训基金会补贴。此外，经营农业必须接受农业培训的规定也在一定程度上激发了学员参加农业教育的主动性。

（2）建立全方位的农业教育体系

法国多层次、全方位、科学完备的农业教育体系，为法国"农民高学历计划"的实施以及农业技术现代化的实现创造了有利条件。

农业教育体系的组成。法国的农业教育体系由中等农业职业技术教育、高等农业教育和农民职业教育3个部分组成。中等农业职业教育在定向教育阶段和高中教育阶段实施，学习结束后，学生可以选择就业，成为经营者或生产者，也可以继续学业。高等农业教育为高中后教育，包括高等技术教育、工程师教育和研究生教育。接受这一阶段教育的学生可成为高级技术人员、各类农业工程师以及农业院校教师和行政官员。农民职业教育深入农场和企业，有长短期之分，学校根据每个农场或企业的发展目标和每个学员的具体情况制定培训方案。

农业部作为明确的主管部门。农业部作为农业教育体系的主管部门，负责人员任命、经费划拨、专业设置等工作，凸显了农业教育对农业生产的直接服务性。教育部作为协调部门，负责文凭方面的宏观管理工作。教育部特设17个咨询委员会，由业界代表组成的委员会讨论职业教育的发展方向，通过考察行业岗位是否需要新工艺、新技能、新工人等，调整现有职业文凭。

农业教育体系的特点。法国农业教育体系最大特点是灵活且注重实用性。鉴于农业生产的季节性，各院校根据生产需要调整课程，区分培训期的长短。教学上注重理论与实践的结合，授课不局限于课堂，而是扩展到农场、生产车间。有的专业要求学生必须经过实习才能毕业。注重实用的教育体系，使得农业院校毕业生的就业状况普遍较好，吸引了越来越多城市青年入学。

（3）实行严格的资格证书制度

对资格证书的严格控制也是法国农业教育体系的成功之处。法国农业教育体系具有从最低的农业培训证书到博士学位等层次分明的文凭晋升机制。如在农业职业技术高中学习一年后，凭"农业职业能力证书"可以当农业工人；学习两年，取得"农业职业学习文凭"，可以当熟练农业工人或职员；取得"农业技术员文凭"可以当农业经营者或食品加工企业的技术员。教育部下设专门机构负责职业文凭的颁发，所颁发的都是行业标准文凭，这些文凭是从事各项农业工作的准入基础。

3. 日本：国家统筹、农协主导农民职业化

（1）国家立法

日本于1883年公布的《农学校通则》是农民职业化培育的第一个法律依据。随后《农业改良助长法》（1948）、《农业基本法》（1961）、《食品、农业、农村基本法》（1999）、《新食品、农业、农村基本法》（2006）等日本政府制定的相关"三农"法律法规，对农民职业化培育提供了较为完善的政策保障。

(2) 农民收入稳定政策

日本先后实施农业共济政策、收入减少影响缓和对策、蔬菜价格安定制度、农民收入保险制度等农民收入保障制度，放开参保对象，同时将自然风险和市场风险都纳入保险范围，进一步稳定农业经营者的经济收入，减少城乡差距，经济收入的稳定是促进青年人员返乡务农的一大保障。

(3) 农民认定制度

获得农民资格认定前，农民需要经过相应的培训和教育，农民认定与农民教育彼此促进、相得益彰。同时，农民资格认定不仅是对农民职业化的认可，也是社会大众对农民的改观。可以说，日本农民认定制度是日本农民职业化培育的重要一步。

(4) 农业经营资金支持政策

包括免息贷款制度（经资格认定的18—45岁的青年农民可获得免息贷款资格）、经营主体培育支援制度（针对购买农业设备的农民经营主体提供融资补助）、农业经营基础强化准备金制度（将收入纳入准备金补贴作为经营的必要费用，从而合理避税）等。

(5) 完善的农业培育体系，农业协会发挥作用

组织农民走合作化道路是日本农民现代化的保障。战后经过农地改革，日本农民基本都分到了土地，消灭了地主制。但随之而来的问题是小农经济规模太小，无法形成产业经营。

日本长期以来的平均农地规模是一公顷，虽然比中国农民占有农地更多，但与欧美相差很远。日本在坚持私有制的原则之下，大胆地走合作化道路，借鉴战前合作社运动中的产业组合经验，广泛地组织了农业协同组合（简称农协）。农协在法律的帮助下，达到了100%的农民加入率。农协的负责人由农民自己选举产生，其会员享受农协提供的全方位服务。日本的农民只管生产农产品，农业生产资料和技术服务由农协负责提供。农户生产的大部分农产品由农协收购，并由农协进行分类加工后，销往日本各地市场。销售收入返还给农民，农

协从中收取一些合理的费用。农协有自己的农产品加工场所、技术开发和培训基地，甚至还有医院、银行和保险公司。同时，农协十分重视农业教育，不仅采取多种形式对农协成员进行教育和培训以提高他们的素质，通过农业的各类资格认证制度对他们进行考核，而且对农协成员子弟进行培训，以增强他们爱农务农意识。农协作为代表农民利益的组织，在发展乡村经济、改善农民生活、提高农民的交易地位、推进农民现代化建设等方面，作出了极大的贡献。

四、从身份农民向职业农民转化的对策分析

（一）全面建立新型职业农民制度体系

1. 完善立法，建立综合性政策法规体系

健全的法律体系是农民身份转化的基本保障。结合我国发展中国家国情，通过立法形式，创新并完善如土地流转制度、户籍制度、社会保障制度等系列制度建设，积极探索构建新型职业农民教育培训制度，强化新型职业农民的认定管理制度，制定和落实新型职业农民扶持政策。将涉及农民身份转化的各个方面纳入国家政策法规体系，为农民身份转化提供坚实的法律支撑和保障。

2. 建立完善的职业农民资格准入制度

资格准入制度是职业农民认定、管理的重要依据。在建立完整的职业农民资格准入制度的基础上，建立完整的数据库和信息管理系统，有利于统筹培养和稳定新型职业农民队伍，落实支持扶持政策；有利于实施动态管理，开展经常性培训和跟踪服务，帮助农民提高生产经营水平，引导其更好地履行农业生产、农产品供给、农业生态保护等环节的责任与义务。

3. 建立健全"教育培训、规范管理、政策扶持"三位一体的培训体系

高效的教育培训体系是农民身份转化的必要支撑。通过构建"教育培训、规范管理、政策扶持"的农民教育培训体系，不断提高新型职业农民教育培

专业化、标准化水平。为此应统筹各类教育培训资源，加快构建和完善以农业广播电视学校、农民科技教育培训中心等农民教育培训专门机构为主体，中高等农业职业院校、农技推广服务机构、农业科研院所、农业大学、农业企业和农民合作社广泛参与的新型职业农民教育培训体系，满足新型职业农民多层次、多形式、广覆盖、经常性、制度化的教育培训需求。

4. 建立全国性职业农民技术职称认证和评价制度

技术职称认证和评价是农民身份转化的必要激励。随着农民身份转化中人员构成的多元化和素质的提高，这一群体对社会保障、社会认同以及精神激励的需求也越来越高。根据职业农民所涵盖的生产经营型、专业技能型和社会服务型的各类型属性，构建完善的、全国认可的职业农民技术职称认证和评价制度，进一步增强职业农民的"职业"属性、增强其社会保障功能，提升这一职业对年轻、高素质人才的吸引力，同时，有效促进"职业农民"这一生产要素在全国范围内的流通和配置。

5. 建立健全职业农民组织管理制度

有效、可行的管理制度是农民身份转化运行的重要保障。通过构建完整的、贯穿农民身份转化全流程的组织管理制度，提升职业农民的组织化水平和管理职业农民的能力。在教育培训方面，强化农民教育培训，积极探索农业后继者培养途径、构建新型职业农民教育培训体系；在认定管理方面，明确新型职业农民认定管理办法的主要内容，如认定条件、认定标准、认定程序、认定主体、承办机构、相关责任，管理机制等；在扶持政策管理上，扎实推进政策落实。以组织管理水平的提高，促进农民身份转化制度体系的高效运转。

（二）支持"三乡"人才，合力促进转化

1. 政策吸引在乡、返乡人才创业示范

政策是保障，也是导向。围绕在乡、返乡人才，通过构建人才支撑政策和

惠农政策，充分利用人才在农业生产经营中的技术经验、管理能力，提高其创业积极性和返乡创业示范性，为农民身份转化提供必要的路径借鉴。同时，以保证农业后继有人为目标，开展农业后继者培养，研究制定相关政策措施，吸引农业院校特别是中高等农业职业院校毕业生回乡务农创业，支持中高等农业职业院校招录乡村有志青年特别是专业大户、家庭农场主、合作社带头人的"农二代"，培养爱农、懂农、务农的农业后继者。将回乡务农创业的大学生、青壮年农民工和退役军人等作为职业农民培养重点，进一步发挥其示范带头作用。

2. 构建下乡人才利益联结机制

利益联结机制是激发下乡人才创新活力的关键。通过村集体、合作社等组织形式，构建并强化与下乡的农业生产技术人员、经营管理人员、销售人员的良好利益联结机制，充分发挥下乡人才在农业生产经营、管理领域的专业能力，有效提升农业生产经营各环节的现代化水平，有效实现农业的增效提质、农民增收和农业生态环境改善等目标，提高参与农户的生产技术和经营管理水平。

3. 强化"三乡"人才引领带动效应

有效的总结、宣传是扩大示范效应的必要手段。通过建立"三乡"人才发展协会、"三乡"人才俱乐部等官方或非官方的人才交流平台，联合农业产业上下游和重点高校院所力量，组建人才培养、科技创新、成果转化联合体，打通农业农村发展的人才链。通过宣传引导，进一步强化"三乡"人才在农业农村现代化中的示范作用，吸引更多高素质人才参与乡村建设。

（三）加大财政、金融政策支持力度

1. 提高财政覆盖的广度和深度

发挥国家财政资金在农民身份转化中的保障作用。提高财政支持在农民身份转化中的广度和深度，整合人才资金、惠农资金，强化对农民身份转化、培养的支撑力量。提高财政支持对职业农民的覆盖率，通过良好的政策吸引机制，吸纳更多的高素质人才参与到农民身份的转化过程，增强新型职业农民的职业吸引力和保障水平；强化财政在农民身份转化重点领域的引导作用，提升财政资金在职业农民教育培训、扶持政策等重点领域的支持力度，提高农民身份转化的质量。

2. 健全金融保障体系，减轻融资压力

发挥农业金融在农民身份转化中的促进作用。通过创新农业金融，提升金融对农业生产的适应性和金融产品对农业生产经营环节的匹配性。一是适当放宽职业农民融资条件，如通过成立担保公司、政府提供征信信息担保等，降低职业农民获得金融支持的门槛；二是健全农村资产流动体系，通过对农村集体或个人土地、宅基地、房屋等资源进行闲置利用、使用权交易，提升农村资源的流动性，增强职业农民经营主体的融资能力；三是鼓励农业生产经营过程中金融产品体系的完善，如通过运用金融的杠杆效应，来撬动更多资金支持新型职业农民发展的同时，增强职业农民抵御风险能力。

（四）强化职业农民教育培训体系

1. 保障财政对职业农民教育投入

（1）强化财政对职业农民教育资源的投入力度

农业涉及领域广，投入产出周期长，具有较高的技术门槛。产前、中、后期，农民对职业培训的需求不同，知识也要求实用性强、专业度高，课程则需要接地气且非标属性强。市场化的培训机构想要切入这个领域，需要专业的师资、丰富翔实的课程内容、懂农民的互联网运营团队，以及对农业行业的深刻理解等。因此，职业农民教育资源的投入需要较大力度的财政支持。

（2）整合社会为职业农民教育投入的资源力量

职业农民更年轻，具有更宽广的视野、更强烈的学习意愿，但传统职业农民培训比较分散，未形成体系。为克服职业农民教育资源供需不匹配的矛盾，应整合社会投入职业农民教育的资源力量,如通过政府购买企业教育培训服务,高校等科研单位驻点服务,建设农技推广站、网络农技推广平台等举措,强化职业农民培训教育的资源整合能力,提高培训教育资源的供需匹配程度和有效供应水平。

2. 强化农业职业教育平台建设

(1) 增加农业职业院校招生指标和平台投入

加强农业职业教育的关键是增加农业职业院校的招生指标。强化农业职业教育在教育体系中的地位,扩大全日制和非全日制招生中农业院校的招生指标。加强农业职业院校和培训机构的建设投入,将农民职业教育和农业广播电视学校办学经费纳入省财政专项预算,落实农民中高职学员职业教育免学费、助学金等相关政策。重点鼓励并支持各方投资参与农民职业技术教育、成人教育和就业培训。

(2) 建立规范化的培训标准

根据不同类型新型职业农民从业特点及能力素质要求,科学制定教育培训计划并组织实施。要坚持以"生产经营型分产业、专业技能型按工种、社会服务型按岗位"的原则开展农业系统培训或实施农科职业教育,采取"就地就近"和"农学结合"等灵活的方式开展教育培训。建立经常性培训制度,各地要着眼帮助新型职业农民适应农业产业政策调整、农业科技进步、农产品市场变化和提高农业生产经营水平,明确经常性培训的主要内容、方式方法、培训机构、经费投入和保障措施,建立与干部继续教育、工人岗位培训制度相类似的新型职业农民全员经常性培训制度。

3. 加强人才引进,提高师资队伍专业水平

(1) 依托科研教育平台,加强对师资力量的培训和提升

依托高校、科研院所等高水平科研教育平台,围绕增强教育培训针对性和实效性的目标,通过促进职业教育师资人才交流体制机制建设等方式,加强课

程体系和师资队伍建设，创新教学方法，改进考核评价办法。加强对农业职业教育培训领域师资力量的提升。

（2）加大政策倾斜，扩大师资队伍力量

加大政策对优质师资力量的吸引力度，优化农业职业类教师的录用、考核标准和薪资待遇。一是吸纳更多的同时具备职业学校教师职务任职资格和工程技术人员职务任职资格的"双师型"教师参与农业职业教育培训的一线事业，扩充基础教师队伍；二是加大人才引进力度，通过搭建农业技术推广单位及人员的合作交流平台和机制，提升师资队伍中既具有一定的理论知识水平，也具有较强的实践经验的人员比例，稳步提升农业职业教育师资力量的专业水准。

4. 重视青年职业农民的培育

（1）构建集高校、高职院校、培训机构于一体的青年农民教育体系

青年农民的职业化过程也是一个青年知识化、现代化的过程，青年职业农民培育是我国解决未来"谁来种地"问题的根本所在。通过涉农基础教育、职业教育，构建完善的农业科技教育体系，将青年农民、青年学生、青年返乡创业者等青年群体培育成青年职业农民，这在幅员广大的农业大国是最直接、最有效、最根本的发展途径，是我国长久的战略举措。但目前面临着相当大的困难：农民本身的文化程度有限，以及青年职业农民的培育和完善是一个相当漫长的过程。所以就现阶段而言，要充分利用好现有教育资源，构建集高校、高职院校、培训机构于一体的青年农民教育体系，吸引高校尤其是高职院校青年毕业生，通过社会性培训机构的再教育成为合格的、高质量的青年职业农民。

（2）关注日常辅导，完善配套支持

关注对青年职业农民的日常辅导，积极搭建服务平台，支持青年职业农民参加多种形式的展览展示、发展论坛、技术技能比赛、创新创业创意赛、涉农公益活动等，让青年职业农民通过跨区交流等方式，拓宽理念视野，激发创新

活力。完善对青年职业农民的配套支持政策，支持青年职业农民抱团发展：在产业发展、生产服务、营销促销等方面开展联合与合作和通过专业合作、资金合作、股份合作等形式发展多元化、多类型合作经济组织，引领青年职业农民与市场充分有效对接。安排专人负责跟踪、指导和服务，同时在特色产业建设、项目建设、技能培训、经验交流等方面提供平台，既让青年人才有组织、有业务、有收入，也带动更多渴望学习技术、掌握技能的村民参与进来，从而培育更多新型职业农民和乡土人才。

（3）强化青年职业农民的激励与保障

通过统筹规划、整合资源，为返乡创业青年提供政策、资金和技术扶持，解决好青年人才返乡的待遇、家庭保障、职业发展等现实问题，使他们没有后顾之忧。通过丰富乡村经济业态和积极向有返乡创业意愿的青年推荐优质项目，帮助青年职业农民精准制定创业规划；通过培树典型、评先评优、产业扶持等激励手段，激发青年职业农民发展潜力，推动他们在智慧农业、种植养殖合作社、农村电商、农产品加工等领域大显身手。

（4）营造良好的社会氛围

为了吸引和培育新时代青年职业农民，政府应发挥积极的舆论导向作用，利用好传统媒介的渠道优势，保证有声音、有图像，举办的各级各类评先评优活动也有机会、有分量；青年职业农民群体应有凝聚、有力量，积极组建青年职业农民联合会等青年职业农民社团或其他形式的经济、社会组织和平台，使青年职业农民群体组织产生更广泛的凝聚力和影响力。通过政府扶持、多组织联合等形式，青年职业农民的发声能力进一步增强，从而为青年职业农民的发展营造积极良好的社会氛围。

第五章

未来农业、未来乡村与未来人才

乡村振兴是我国新时代农业农村发展的新号角，也是我国未来农业农村发展的新目标，包含了乡村生态、经济、社会及文化建设的全面提升与进步。乡村振兴的终极目标是农民的发展与进步，其主体与目标的中心议题都是围绕着"人"展开，是以人民为中心的乡村振兴。其中，实现乡村振兴的关键和核心动力是"人才"，既包括政策制定者、政策执行者、科技研究推广者、科技实施者、农业投资者、农业生产者、农业经营者、乡村治理者、农村发展研究者、农村发展关注者等各方参与者，也包括在新形势下出现的新乡贤、新村民及退休人员回乡参与建设等新群体，形成了我国乡村人才振兴的优势互补、良性互动的有利局面。

未来农业、乡村和人才发展是一个密不可分的有机整体，随着未来乡村生产与生活方式的转变，未来乡村人才的需求将更加多元化和高端化，以满足乡村发展的新需求。未来乡村人才参与乡村振兴的逻辑将由传统的单一经济发展理念转变为"五位一体"的全面发展理念。在乡村发展、农业生产及乡村生活方式上，将展现乡村价值和农业功能的协同转变。当前，我国农业和农村的发展受到了前所未有的关注和支持，迎来了巨大的发展机遇。未来，乡村振兴的人才支撑仍将至关重要。

一、未来农业、未来乡村与未来人才

未来乡村振兴人才队伍的培育和打造，离不开审视把握农业和农村发展的新趋势，也必须充分反映并适应未来农业的新发展和未来乡村的新变化、新情况。

（一）未来农业

1. 未来农业的概念

习近平总书记在党的十八届五中全会上提出了"创新、协调、绿色、开放、共享"的新发展理念，深刻回答了在新时代应该实现什么样的发展以及如何实现发展两大问题。在党的十九大上，确立了要实施科教兴国、人才强国、创新驱动发展、乡村振兴、区域协调发展、可持续发展与军民融合发展等七大发展战略。我国农业农村发展必须始终践行新发展理念、实施七大发展战略，这必将引发我国的农业技术、产业与生产经营行为发生革命性和系统性的变化，促进我国未来农业发展的新模式、新道路与新业态的形成。

中国工程院院士、中国农业科学院副院长王汉中指出，未来农业就是"生产者采用新的生产方式，比如说新的技术、新的装备和新的模式，也就是绿色化的投入，规模化的生产，机械化的操作，智能化的管理，集团化的运营和品牌化的发展，目的就是满足消费者对安全、绿色、健康、多元的产品、业态和服务的需求。科技既为生产者新的要求提供支撑，也为消费者的新的需要提供服务，这是科技针对未来农业着力的方向。"

2. 未来农业的特点

近年来，随着设施农业、数字农业、智慧农业以及物联网等技术在我国农业领域的大范围应用，我国的未来农业发展在今后10—15年将呈现以下特点。

（1）未来农业将呈现一二三产业深度融合发展的特点

未来农业产业的全面转型升级必须要与先进的现代产业发展理念及组织方

式相结合，促使农村三大产业的深度融合，推动传统农业不断延伸至加工业、服务业等领域，形成新型农业发展模式——功能多样、业态丰富、城乡融合且产业链条完整的模式，它能够更加协调好、联结好各方利益，并培育出新的经济增长点，为经济发展带来较为显著的综合乘数效应。这不仅是世界农业现代化发展的必然规律，也是我国推进农业农村现代化的内在要求，其表现如下：

成本变产出。在其他行业，劳力是生产成本，但是在农业领域，农活可以是一种产出，比如有的生态农庄的农活体验是要收费的。同样的做法在工业领域行不通，因为没人愿意去工厂体验流水线上的机械工作。石化农业也不行，都是农药化肥，谁愿意去体验？同样，工业化的农业基地也不行，一个个大棚搞得跟工厂车间一样，没人会到乡村去体验"工业美学"和到大棚里参加生产劳动。只有在那些环境友好，风景优美的农庄，消费者的体验和参与才会使成本变为产出。

农业即风景。在土地上，农作物产出农产品，这只是其一，合理地规划农作物种植，农田亦可以是风景。我们以前在农业规划上很少考虑到这一点，这是因为我们简单地把农业当成投入产出的工业来看待，假如我们以后在农业规划上既能考虑到农作物的生产，又能考虑到景观规划，那么同样的农地，在产出农产品的同时也制造了农业风景，比如彩色水稻、七彩花田、斑斓田野、锦绣大地等。

农业即教育。农业还能产出教育，而且不单单是农学和自然教育，还可以是与历史、文学、科学、数理化等的融合教育。安徽合肥小团山香草农庄在这方面做得非常出色，在小团山的夏令营，当在农庄徒步碰到某种野花野草（在"正常"农场会被除草剂杀掉），带队老师会介绍这种植物，还可以讲这个花草相关的诗词，从诗词又可以讲到历史典故，又或者可以讲花草的特性，讲特性的过程中还可以穿插化学和物理知识。这种跨学科能力、融会贯通能力在信息时代和人工智能时代尤为重要。

农业即生活。耕读传家，诗歌田园是我们传统农业社会农业生活的浪漫画卷。城镇化的大潮以及工业化的农业,使得这样的优美画卷变成了凋零的空心村。如果我们摒弃旧的工业思维,不简单粗暴地对待农业,而是从多功能的角度进行农业规划,可以重新让农田变成美好的、田园牧歌式的家园。

(2)未来农业的经营主体将是多元共存并协调发挥作用

在农村家庭承包的制度体系下,在国家支持农村土地入股产业化经营以及多元化经营模式的背景下,各类新型农业经营主体,如社会化服务组织、农业产业联合体、龙头企业、合作社、家庭农场等必将不断发展,呈现出长期多元共存的局面。我国现代农业农村发展过程中的多元主体分别是:

社区自治组织成员。主要是由村民民主选举的"三委"班子成员、"几大员"(林业员、农技员、卫生员等)、村民小组的组长以及村民代表,甚至进一步延伸到共产党员。他们是村民自治实践中的主要决策力量,但他们的工作往往是围绕政府在不同时期的中心工作和重大项目集中力量组织实施,还没有完全体现其自治的职责定位。

政府乡村工作队伍。政府根据不同时期的乡村中心工作需求,临时或者长期抽调省县乡的政府工作人员到乡村工作,如第一书记、驻村工作队、包村包户工作人员、扶贫工作队、基层锻炼人员,甚至还有大学生村官、志愿者以及临时聘用人员,他们来自于乡村之外,但他们一定时期的工作重心就在乡村。他们既服从村委会领导的统一指挥,又在一定程度上指导甚至监督村委会的工作。

农业企业投资者、经营者和管理者。这是现在乡村发展中的一支重要力量,他们主要是各级政府或者政府领导招商引资引进的,也可能是朋友介绍或者是循着各种市场机会而来的。他们从进入村庄起就具有资本、技术、市场和人才的优势,往往很快就成为乡村发展过程中的优势群体。

本地生产经营大户。这是乡村中的能人或富人,他们头脑灵活,抢占先机,甚至与外部势力(资本、技术、市场)联手,成为先富起来的农民。他们往往承包或者购买了村里的优势自然资源,甚至在城里购买了房产,后代人在城里落户，成为具有巨大乡村资源的城里人。

农业生产过程中的专业队伍。就是按照生产过程中的分工，他们以家庭或小组（10—100人）为单位，推选一个组长，依附于一个投资主体，承包生产过程的某一个环节，按标准和要求完成承包任务，然后得到承包费，不承担投入成本和市场风险，成为一种农业生产的专业性服务队伍。

市场营销专业团队。这种团队也许"在地"也许"不在地"，他们主要做农产品的品牌建设和市场营销工作。他们甚至从来没有到过农产品的生产地，但他们通过互联网进行产品营销。他们的工作内容是收集特色优质农产品，讲好产品故事，紧密联系特定消费者进行农产品销售并以此为业。

生产经营过程中的捐客。他们利用自己的人际关系、信息资源和社会影响力，为农业投资主体找地租地提供信息，甚至做说服农民的工作，为农产品收购商收购、运输、储存，然后收取中间费用和服务费。他们的工作季节性和偶然性很强，收入极不稳定，但利润却非常高。

刚性农民。他们因为自身能力和家庭（抚养孩子、照顾老人等），不能出去工作也不愿意出去工作。他们自种自收自卖，是真正意义上的小农，也可能是依靠出租土地和就地打工来维持生计，他们的工作和身份都具有一定的刚性。

乡村生活方式追求者。随着社会的发展，总有一部分人口追求乡村优美的自然生态环境，追求乡村放松而舒适的田园牧歌式的生活方式，他们尝试着"半农半X"的生活。另有一部分是退休以后"告老还乡"的人，他们回到自己的家乡，守住自己的祖业，慰藉自己的乡愁情结。还有人身居城市，但他们向往乡村生活，就按季节栖息于城乡之间，并且随时变换地点，选择不同的乡村生活一段时间。这些群体往往把乡村振兴向环保、生态、慢节奏和更注重乡村文化建设的方向引导，是乡村建设中的一股清流。

（3）未来农业将具有显著的智能化特点

《中国制造2025》提出，通过2025年、2035年、2050年"三步走"，实现进入制造业强国前列的战略目标。这项重大计划的实施，将推动智能农业装备与设施技术的迅速升级。农业生产经营系统将实现高效协同、智能化运行，大数据、物联网、新材料、云计算等将深度介入农业生产经营的各个环节，智能化农业设备以及农业机器人等工具将广泛运用于大田种植、规模养殖等领域，无人系统技术也将使各类农业生产要素及时被感知、传输与处理。例如：

植物工厂。植物工厂是对光、温、湿、二氧化碳及营养等生长环境条件全智能控制的植物高效稳定生产系统。通过增加光照、改变"光配方"、改善营养液的成分等，就可以控制植物的生长周期和生长状态。例如，生菜和小白菜从在农田里栽培到收获需要30—40天，但在植物工厂中种植仅需20天左右。在植物工厂里，植物生长在人工王国，只要有足够的光照（能量）和营养（水分、空气、矿物质等），水果、蔬菜乃至粮食就可以"长了一茬又一茬"，几乎不受外界的天气、光照和土壤环境的影响。根据不同植物类别，植物工厂为其设定不同的光照、二氧化碳浓度、温度、湿度等，并实时监测其生长的状态，记录数据并进行反馈，录入系统，进行动态调节。

智慧农业。智能机器人、大数据、无人机等新技术工具不断运用于农业，促进我国农业生产逐步进入智能化、精准化、数字化、网络化的智慧农业时代。数据信息平台是智慧农业的核心，其通过获取信息、分析数据来进行决策并指导农业生产。在这一环境下的未来社会，从播种到收获的每个环节，农民将会运用电脑、手机等远程操控、指挥各种智能机械，使种庄稼、长庄稼、收庄稼的工作有条不紊地进行。春天，无人驾驶的农机和机器人在田野里协同作业，在翻整土地的同时精准施用根据土壤成分和作物需要而制备的肥料，多机联动完成播种和育苗的各个步骤。农田的水、肥、温度、病虫害、作物长势等信息都可以通过无人机以及各类传感器和摄像头来监测并且可以根据这些数据有针对性地形成相应的工作方案，再根据方案通过远程控制的方式开展精准施肥、按需灌溉以及病虫害的生物防治工作。秋天，为了满足农民收获的需求，可以采用自动化设备提前喷洒落叶剂并进行生物保鲜处理打包，使民众能够获取优质、安全、绿色的农产品。

3. 未来农业的新业态

（1）服务型农业新业态

休闲农业。休闲农业是以农业为基础，以乡村环境为载体，通过田园生态景观、自然环境资源这两方面与农业生产活动、休闲旅游活动的结合，满足广大民众休闲度假、观光体验需求的新型农业产业。以"互联网+旅游+科普"的形式推动智慧休闲农业发展的模式已成为一种趋势，这一模式利用互联网、人工智能和大数据等技术，促进三产融合发展，再结合科普内容、区域文化补充乡村休闲游带给游客的精神供给，达到游有所乐、游有所得、游有所想、游有所学的目的。休闲农业以第一产业为主体，融合第三产业共同发展，打破传统农业封闭低效的局限，将农业生产活动延伸至旅游业，拓展了农业的休闲、观光和文化传承功能。休闲农业是一种修身养性但又可促进生产的娱乐性生产经营活动，能够推动城乡融合，是未来旅游业发展的重要方向之一。

阳台农业。阳台农业以蔬菜和花卉种植为主，它将栽培管理、自动化控制、低碳环保等高新技术融入植物品种的日常种植中，从而形成一种都市型现代化农业的发展模式。阳台农业能有效解决城市化进程中人与自然的矛盾，提高城市绿化面积，丰富城市绿化空间的层次和舒缓城市人的紧张心理，是一种无污染、可循环、可持续发展的生态农业模式。阳台农业从技能角度看更趋高新性，培养形式上更趋无土性，生产产品上更趋观赏性与自给性，且利用的是无土化栽培、智能化设备、集约化空间，在人口较为密集、信息技术发展较快的城市开展得较为迅速。阳台农业作为一种新型的绿色环保农业模式，它不仅能够满足民众的生活需求，帮助推广低碳的生活方式，也将优化升级我国的农业生产方式；它不仅满足了市民对优美环境和休闲日子的需求，也正逐步成为让市民放心消费的一种方式。

农业会议。农业会议是指以农业或农业相关方面为主题的展览和会议。农业展览是指各种农业博览会、买卖会、订货会、展览会。农业会议则包含各种农业论坛、洽谈会、交流会、研讨会等。从增长潜力的角度看，未来新开发的农业展会和农业节庆活动数量增速将放缓,全体进入竞赛整合阶段,今后将更多地开展打造会议品牌、策划展会、开发节庆衍生产品以及探索市场化运作模式等活动。

创意农业。创意农业多将新型构思元素融入休闲旅行产品的开发中,目前其市场份额还较小,仍处于萌芽时期。当下的创意农业包含对产品、服务、环境、活动四个方面的创新,其中尤以产品和活动为主。在产品创意方面,主要是通过赋予产品文化新意或改变原有产品的功能与造型从而使一般的农产品变为纪念品、艺术品,身价倍增。在活动创意方面,主要指经过定时或非定时地举行创意农业活动,提高顾客的体验价值,拓展农业收入。

(2)创新型农业新业态

农业4.0是以大数据、云计算为核心,以物联网、空间信息、移动互联等技术为基础,对土地、金融、市场、信息等农业生产要素,进行优化配置的无人化、科学化管理时代。农业4.0是继传统农业(农业1.0)、机械化农业(农业2.0)、信息化农业(农业3.0)之后发展转变而来的一种更高级的农业发展方式,即"智能农业"。

数字农业。数字农业以农业大数据为核心,借助于数字信息技术手段,实现对农业对象、生产、销售、经营、环境各方面的全过程管理,达成农业新业态。这一模式将成为推动农业农村实现数字化全产业链与全周期转型的重要方式。以云南省为例,其凭借构建优质的水果基地,与阿里巴巴集团深度合作,创立的阿里数字农业昆明产地仓,是我国构建数字农业流通"大动脉"的第一步。云南省利用数字技术建立了云南水果分级标准、有效缓解了云南水果的质量品控问题,极大提升了云南水果的流通效率,为构建我国数字农业流通的"大动脉"打下了基础。

精准农业。精准农业又称精密农业或精细农业,这一模式主要借助于现代高新技术以及农业技术,实现对农业资源的综合合理利用,以求达成准确、高效地控制田间活动的目的。这一模式也是通过多种信息技术工具,如GPS、遥感、地理信息系统等综合集成的途径，将信息技术融入农业生产技术，并依据实际农田的作物生长需求来提供合理的资源。

（3）社会化农业新业态

都市农业。都市农业是以城市居民和乡村居民为对象，以满足其生产、生活需求，建设高效、安全、生态农业为目标，所开展的促进近郊农业从生产发展到生态、生活、生产"三生"融合的发展模式，能够帮助打造出休闲观光农业、特色精品农业、高效生态农业，不断提升农民增收能力与都市农业发展水平，确保城乡居民"菜篮子"与"果篮子"的安全。比如，随着天津市现代都市型农业的发展，市场上逐步兴起市民吃农家饭、住农家院、干农家活的热潮，天津市田园风情家庭农场主高则胜盯准这种市场需求，着手发展"家庭小菜园"项目租赁。他将温室内田块分割成小块，与下乡体验田园生活的市民签订一年租赁合同，市民可以自主选择蔬菜品种，农场负责田间管理，市民利用节假日到农场采摘新鲜蔬菜。市民一年支付一定的租金，就可以认领一块属于自己的菜园，菜园约半分田，既可以自己管理，也可以全权委托农场打理，收获季节直接来采收。市民在周末和节假日就既享受了在大自然中劳作的乐趣，也品尝了用汗水换来的蔬菜。都市农业保留了最原始的农耕方式，让大家不仅可以来种地摘菜、亲友欢聚，还能感受到原汁原味的农耕文化。

订单农业。订单农业又称为契约农业或合同农业，是指农户在进行生产经营活动之前与农业生产和销售公司或中介机构订立具有法律效力的农产品产销协议，以此确定双方的权利义务关系。是一种农户根据合同组织生产活动，公司或中介机构按照合同来收购农产品的经营模式。"以前一到种地的时候我就犯愁，因为不知道种啥"，天津的高则胜介绍，自 2019 年开始，他与天津市保安服务有限公司以及周边食堂、物业小区等单位进行合作，按照客户的要求生产蔬菜，并进行包装加工，定时向客户销售蔬菜产品。农场改进了礼品菜包装，采用保鲜膜、保鲜盒密封蔬菜，按照 20 个品种、20 斤左右的标准包装装箱，在满足消费者需求的同时，增加了农场收益。高则胜说："这还没种呢，就卖出去了,订单式种植既适应了市场需要,又避免了盲目生产,给我吃了'定心丸'。"

社区支撑农业。社区支撑农业也称为"市民菜园",是指顾客根据自身的需求预订相应的农产品,向供应商支付预订款,供应商到期按时交货的一种城乡合作新模式,这是生产者和消费者风险共担、利益共享的模式。农民和顾客通过这种模式建立了直接联络的纽带,并为顾客获取放心健康安全的农产品提供有效保障。

农业生产性服务业。农业生产性服务业是指贯穿农业生产作业链条,直接完成或帮忙完成农业产前、产中、产后各环节作业的社会化服务行业。在农业生产性服务业方面,为了更好地解决"谁来种地""怎么种地"的问题,我国不断发展农技服务、农机服务、动植物疫病防治以及土地托管等方式,并引导农户进行"服务外包"。其它例如农业众筹、农产品私家定制等服务方式正在处于萌芽期,主要服务于特定的消费群体,具有较高的收益率,是农业多样化服务的一种新趋势。

4. 未来农业的发展趋势

(1) 农产品将更加重视品牌形象

在当今社会,消费者的生活方式发生了较大的转变,对农产品的需求已从注重简单的质量和价格转变为注重农产品的品质。要达到这一消费需求就要有标准化的支撑以及品牌化的发展,也更需要加大对于农业新业态的宣传和营销力度;通过传统媒体与新媒体结合,线上线下相结合,微信、微博等各类APP齐发力等方式构建农产品品牌。

(2) 农业绿色发展将成为门槛

消费者的饮食需求已经从初级农产品转变为如生态猪、有机蔬菜等更为健康营养的食品。农业农村部始终贯彻落实新发展理念并将绿色发展置于首位,践行种养循环、绿色替代、减量增效、综合治理等措施。新技术不断应用于生产过程,安全绿色成为农业生产的基本标准。

（3）休闲农业的潜力将进一步被挖掘

住宿、餐饮、游乐、采摘是我国目前大部分地区的休闲观光农业活动，与市场上的其他产品相似，且存在着相互模仿、轻研发，缺乏主题创意与文化特色的情况。而对资金、人才、技术要求较高的信息农业、智慧农业、创意农业、都市农业等模式很难短时间内在全国实现全范围的产业化。随着我国城镇化进程的加快，休闲农业这一模式更能满足城镇居民放松身心的精神需求，这无疑有利于休闲农业模式的发展，推动休闲农业向大众化方向转变。

（4）新型农民成为主流

近年来，越来越多高素质、高学历背景的"新农人"来到乡村，他们引入先进的理念，遵循着"绿水青山就是金山银山"的想法，将传统农业与互联网相结合，科学计划、智能管理、规划出产，使农民逐步职业化，为现代化农业的发展打下坚实基础。

（5）智慧农业市场规模将不断壮大

数字化、网络化的信息时代已经进入以数据深度挖掘与融合应用为特征的智慧化阶段。新时代信息技术与现代农业产业的深度融合不断推进我国农业现代化的进程，也为我国广大农企农民提供了一系列包含数据分析、生产过程监控与安全追溯等在内的服务。未来，新技术新模式将不断运用于农产品加工、疫病防控、生物种业、绿色投入品、农业机械等关键核心技术领域，推动形成产学研紧密结合的农业科技创新体系，推动智慧农业的发展壮大。

（二）未来乡村

1. 未来乡村的生态环境

（1）未来乡村人居环境将更加宜居

党的十八大以来，国家积极推进乡村生态文明建设，有效遏制了乡村环境污染趋势，美丽乡村建设取得显著成效。通过实施一系列提升改造项目如美丽乡村建设、乡村振兴战略，乡村地区基础设施建设水平有较大提升，村容村貌有较大改善,乡村将变得越来越宜居。

(2) 未来乡村生态治理制度将更加健全

近年来,国家对生态环境治理越发重视,很大程度上促进了乡村生态治理制度的出台。在国家层面上,通过制定适用于乡村环境保护的标准和法律法规,促进乡村环境治理的制度化、规范化和常态化,通过不断完善落实生态立法、生态执法、生态司法、生态普法等各个环节,并依靠法律监管、道德约束等多种手段并举来加大环境执法力度,建立乡村生态保护的奖惩措施,我国生态文明法治建设步入更高征程。通过一系列治理制度的酝酿、出台及落地,我国乡村生态治理制度越发健全。

(3) 未来农民环保意识将不断提升

农民是乡村生态文明建设的主要参与者,因此要积极调动农民参与生态文明建设的积极性和主动性。我国正通过各层面的积极努力,不断强化全社会的生态文明教育。通过对生态文明建设政策和理念的宣传和学习,培育和提高农民的生态法律意识和生态道德观念,调动农民作为乡村生态的责任主体参与生态文明建设的积极性和主动性,减少环境破坏行为。同时,帮助农民学会运用法律武器维护自己的生态权益,在行为上积极践行党中央、国务院印发的生态环保政策,积极推进乡村生态文明建设。农民的环境自觉、环境权益、环境保护意识将得到进一步提升。

(4) 未来信息技术将更多融入乡村生态治理体系

通过数字化技术和体系化信息系统的运用可破解传统治理模式下的困局,全面提升污染防治与生态建设效率、效能,系统性达到污染防治目标。首先树立数据治理理念,利用大数据技术对乡村生态公共事务的数据信息进行科学采集和批量管理,及时挖掘关键问题,引导各部门树立数据治理观念,促使政府工作人员在共治各环节密切配合;其次构筑包括人员配置、流程环节、管理体制与运转机制在内的智慧乡村生态治理规范机制;最后整合生态数据信息、科技红利和制度优势,实现各部门的齐抓共管,让生态治理科学化。

(5) 未来乡村生态产业将不断做大

2018年4月,习近平总书记在海南考察时强调:"乡村振兴,关键是产业要振兴。要鼓励和扶持农民群众立足本地资源发展特色农业、乡村旅游、庭院经济,多渠道增加农民收入。"乡村要实现绿色振兴和特色振兴,必须充分考虑资源、环境本底和传统优势,推动三产生态化的转型升级。未来,乡村生态产品开发、农业碳汇产业将快速发展,并借助市场机制最终打造出具有乡村特色的"产业链"与"价值链"高效融合发展的全生态产业链经济体系。未来,乡村将不再仅仅是农业生产的场所,富裕起来的城镇居民将把乡村作为旅游、度假、观光、休闲的理想去处。随着中国城镇化率的不断提高,乡村逐渐呈现农业多功能性特点,将吸引更多的城镇居民。

2. 未来乡村的文化

(1) 未来农民的文化主体意识将更加强烈

乡村文化的基底离不开乡村居落等基于历史和地域沉淀的场域和空间要素,它是乡民的生活意义与精神价值,是乡村居民共享的文化观念、话语呈现和表达方式。近年来各级政府在乡村文化建设中,主要投入在建设图书室、文化站等文化活动设施,以及开展"送图书、送电影、送文艺"等"送文化下乡"的活动上,这样的文化建设并没有触及农民的日常生活方式、价值情感和意义体系,原因在于:一方面,乡村文化生活缺乏内涵价值和精神追求;另一方面,乡村公共文化设施的使用率比较低,乡村居民对文化活动的参与度较低。而农民自发组织和参与的文化活动,却独具乡土精神和内涵,形式活泼,贴近群众生活。政府正通过鼓励和支持农民组织和参与文化活动,引导农民不断提高文化自觉意识,共建乡村文化内涵。

(2) 未来乡村文化将更重视优秀传统文化传承

中国优秀传统文化蕴含的伟大民族精神和实践价值,对实现我国全面乡村振兴仍具有不可替代的指导意义。未来人们会充分认识到乡村传统文化的重要性、独特性,在良好家风、淳朴民风、文明乡风建设中守住中国乡村文化根脉。

（3）未来职业乡村文化建设者将更受重视

职业乡村文化建设者，深植于乡村厚土，懂得农民的喜乐哀愁，更明晰乡村文化的传播之道。更重要的是，这些乡土文化人都有着强烈的文化自觉和使命感。要让文化"留下来"，给这些人提供施展才华的机会和空间，进而引领和带动乡村文化建设。一些地区参照城市"社会体育指导员"，在乡村中培育"文化辅导员"，"文化辅导员"带动乡村文艺生活的活跃和发展，成为基层乡村文化的传播者，使乡村文化在乡村振兴建设中发挥更大作用。对此，未来乡村基层党组织会通过更大程度上发挥他们的示范带头作用，培育出一批"懂文化、会宣传、爱家乡、留得住"的乡土文化人才队伍，以促进乡村文化的建设和发展。

（4）未来数字化、信息化技术将越来越多被运用在乡村文化传播领域

运用现代信息技术，建立数字展览馆，可将地区文化特色通过矩阵全景、虚拟游览等方式展出，增强观赏效果，扩大乡村知名度。随着网络技术在乡村的不断普及，人们可以通过网络直播等方式，对历史建筑、非物质文化遗产、民俗节日等进行宣传，可以建立公众号等自媒体账号，发布活动内容，展现乡村文明新气象，也可以构建沉浸式的现实虚拟场景。超越传统单调的数字化的文字、图片和视频推送的文化传播方式将越来越多。例如在乡村节庆习俗的虚拟体验设计中，人们既可以通过虚拟现实设备，实现虚拟场景及活动的可视化，也可以通过交互对虚拟角色进行控制，从而获得身临其境的体验。

（5）未来乡村文化产业将蓬勃发展

乡村文化产业是一种以市场为导向，以提高经济效益为中心，以乡村居民为创作、传播与生产主体，以乡间文化、乡村文化、乡民文化为产业资源，将地域性的传统历史文化资源转换为文化商品和文化服务的现代产业形式。从性质上看，乡村文化产业具备乡村文化和经济资源的双重属性；从构成上来看，乡村文化产业包括基于乡村文化资源所创作的物质产品、精神文化活动，以及整合乡村文化元素和其他产业协同发展的新业态。未来乡村文化产

业依托乡村文化资源如民俗文化、手工技艺文化等具有的地域特色和传统历史积淀，基于精准的市场需求进行开发，实现与农业多功能性发展的相互促进，最终实现乡村文化产业的快速发展。

3. 未来乡村的治理

（1）未来村庄数量会逐步减少

近年来随着我国城镇化进程的推进，以及经济的发展和产业结构的调整等，农村常住人口数量逐年减少，并日益趋向老龄化，越来越多的自然村落逐渐衰落甚至消亡。与此同时，在环境变化、合村并居、人口迁移、土地开发等多种因素的共同作用下，我国自然村的数量大幅度减少，从1990年的420万个减少到2013年的280万个，23年间至少有140万个自然村消失，减幅高达三分之一。在此基础上，我国城镇化进程尚处于不断发展时期，未来城镇化率将会达到更高水平，未来自然村落数量和居住人口依然会减少，乡村房屋空置率仍将持续升高。

（2）未来农民人口数量会逐步减少

据统计，现代国家的农业人口总体比例偏低，发达国家平均不到10%，美国不到5%。从长远来看，中国的农业人口比例还有较大的下降空间。我国城镇人口比重于2011年首次超过农村人口，达到51.27%。根据西方发达国家的发展历史经验预测，到2030年，我国的城镇化率将达到65%甚至70%以上，届时将仅有4亿～5亿人生活在农村，当地的环境资源（如土地等自然环境资源、建筑等人文环境资源）与人口劳动力资源之间的不匹配程度会加大。乡村的主体正在发生新的变化：部分村精英流失，部分村外来人口增加，农民找不到村干部，农村社会人口结构正发生着巨大调整。加上"80后"农民由于从小接受大众传播的影响，在价值观上与城市的同龄人差别不大。他们中的大多数在成年后甚至尚未成年时就在大中城市生活，能够体验城市生活，感受现代文明。所以，即便他们最终无法在大中城市留下来，他们一般也不会返回农村务农，而是在县乡层面发展，更多地从事非农产业活动。

(3) 未来农民兼业化可能是一种常态

随着农村种田农民的平均年龄越来越大，而且很少有年轻人愿意回去种田，很多人就担心将来谁来种田的问题。关于此问题有两个方面的趋势和方向，一是职业化农民生产出来的农产品往往价格不断走高，国家还要给职业农民极多的补贴，事实上城市中产阶级以下的群体都会受到农产品价格昂贵的影响。相反，兼业化农民生产出来的农产品价格则较为便宜，因为他们还可以从非农活动上获得收入。二是种田活动轻松化，有的人认为随着社会的发展，以后没有人愿意种田，更不会种田，因而要对农民进行培训，事实上现在种田已经高度机械化和智能化了，不再需要长时间的经验积累，即种田的难度大大下降了，它可以是一件很轻松的事情。完全没有种过田的人，只要按照技术指导也能够逐渐掌握，而且现在智能化服务很发达，并不需要花费多大的精力。因此，兼业化农民也完全可以胜任种田工作。

(4) 未来乡村社会形态将呈陌生化趋势

贺雪峰认为当前中国一些乡村，村庄信息仍然全对称，但地方性共识却陷入变动中，新的共识尚未定型，乡土逻辑正在蜕变。表现为原有乡土逻辑发生变化，村民异质性凸显，未来长时间内中国乡村社会将是半熟人社会。具体特征为：第一，村庄社会多元化，异质性增加，村民之间的熟悉程度降低。第二，随着地方性共识的逐步丧失，村庄传统规范越来越难以约束村民行为，村庄中因信息对称而带来的"搭便车"行为，加速了村庄内生秩序的丧失。第三，村民对村庄的主体感逐步丧失，村庄越来越难以仅靠内部力量来维持基本的生产生活秩序。现代社会发展的一大趋势是从"熟人社会"逐渐向"生人社会"转型，这个转型是一个以结构转换为核心，同时带动整个社会体制的转变、利益结构的调整和思想观念的变化等诸多方面的社会变迁过程。

(5) 未来乡村治理将趋精细化、精准化

宏观治理方面，政府逐渐为乡村经济的发展提供更实际的引导，主导决策乡村经济发展的宏观政策；微观治理方面，将基层政府的主导作用限定于乡村社会政务的处理上。国家政权逐渐在制度安排上严格划分乡村社会政务与村务的界限，政府主导乡村政务，村民自治组织管理乡村村务，精细化、精准化将是乡村社会治理的未来趋向。

（三）未来人才

1. 未来人才的类型
（1）农业产业人才

新型职业农民。乡村振兴战略能够深入推进的关键力量就是新型职业农民，同时他们也是推进我国农业农村现代化发展的主体力量。当前农业发展战略的深入实施需要集中于三种类型的职业农民：一是以农业生产经营活动为主要收入来源的传统农民，一般是种养大户以及合作社骨干等；二是依靠自身所掌握的专业技术获得收入的技术性职业农民，这一群体主要包含外出务工后获取工作技能而后返乡就业的农民工；三是以第三产业为主要工作方式的群体，这一类主要包含农产品经纪人。杜佳认为新时代的农业农村人才工作，就是要培养和造就一批结构合理、配置科学的，情系三农、服务三农、发展三农的，懂农业、爱农村、爱农民的人才队伍。使有技术、有理想、有视野的务工返乡农民、中高职院校毕业生、有丰富经验的农民，成为新型职业农民，为未来农业发展提供有力的人才支撑。

农业职业经理人。农业职业经理人是全能型、高知识、高素质的人才，需要了解农业政策、种植优化方式、企业管理理念、财务分析、销售开发、互联网思维等先进的知识。其中互联网嫁接的思维尤为重要，这种思维方式能够推动农民或者新型经营主体的生产方式、营销方式的彻底变革。

农业科技人才。根据我国 2011 年所颁布的《农村实用人才和农业科技人才队伍建设中长期规划（2010—2020 年）》界定，农业科技人才就是指专门从事农业相关的科研、教育、推广工作的专业性人才,这一群体一般都受过专门教育和职业培训,能够掌握农业行业某个领域专业的知识与技能,包含生产一线的技术应用型人才以及提供科技支撑的科研人员。科技作用于生产的方方面面,从大田种植业、园艺业、畜产养殖业到各种特殊产品的种养殖业等,在这一过程中,农业科研人员不断研发、引进提供前沿技术,为一线的农业技术应用人才提供源头性技术支撑。

农村电商人才。农业电商是一种新业态,农村电商人才是农村产业兴旺发达的新的支撑力量,其首先需要了解电子计算机相关技术,具备较高的计算机操作能力、经济管理方面的知识、商务谈判技巧与社交沟通技能以及管理和处理进出口业务的能力。其次要了解农村经济,懂得地方性农产品的特点与知识;最后要具有流通现代化的观念,掌握现代化管理思想及理念、工具、技术与手段。

农村物流人才。农村物流是联系农村与城市、生产与消费的重要渠道,在未来的农业发展中将发挥重要作用。未来的物流人才是乡村物流发展的中坚力量,主要包含三个层次的人才:第一,初级物流人才为一线体力劳动者,负责仓储、包装、运输等事宜;第二,中层物流人才为企业的中层管理人员,负责指导、监督与优化物流作业流程;第三,高级物流人才是企业的顶层管理者,负责作出企业业务决策、制定发展战略、规划和设计物流系统流程。

(2)乡村生态建设人才

乡村环境治理人才。乡村环境治理需要整体整治生活垃圾、污水排放、厕所、畜禽养殖,统筹规划农业绿色发展、乡村庭院功能等。肖正德指出让乡村环境更干净,让乡村更美丽,就需要治理好农村粪污、污水和垃圾,切实改善乡村生态环境,有效解决乡村环境污染。相应地,乡村环境治理人才必不可少。

乡村景观设计人才。只有在生态景观、建筑景观、人文景观等方面有更好的设计与建设,乡村才会更美丽,乡村景观设计人才也因此备受青睐。樊丁认为快速的经济发展使得很多传统文化遭到了破坏,因此需要培育乡村景观设计人才。乡村景观设计人才具有保护传统文化、特色乡土文化的意识,可在新农村的环境建设中很好地保留具备乡土特色、地域特色，承载田园乡愁及体现现代文明的特色田园乡村。

生态农业带头人才。2017年中央一号文件《中共中央 国务院关于深入推进农业供给侧结构性改革加快培育农业农村发展新动能的若干意见》提出要推行绿色生产方式，增强农业可持续发展能力。具体包括推进农业清洁生产、化肥农药零增长行动，有机肥替代化肥试点等活动，促进农业节约治理成本增加效益、集中治理农业环境突出问题等。蒲实、孙文营认为为适应新时代农业发展要求，需要培养一批具有绿色发展理念、掌握绿色生产技能、善于经营绿色农业产业链的绿色农业带头人。肖正德提出发展生态农业，必须推广先进、绿色农业科技，推广绿色环保有机农作物种植。尤其是当前人们对食物安全的要求越来越高，对绿色食品愈发青睐，发展生态农业符合市场的需求，这对于实现村民增收致富、实现乡村振兴是一条双赢的道路。

生态旅游开发人才。乡村旅游是拉动乡村经济发展的新性产业，有利于提高当地居民收入水平、促进乡村振兴。通过发展乡村旅游产业能够促进乡村振兴，将绿水青山转化为金山银山，吸引外出务工人才返乡就业，分流城市消费市场，活化乡村闲置资源，如土地、生态、农业、房屋、传统手工业、文化遗产等。《中国旅游报》在对《关于加快推进乡村人才振兴的意见》解读中提及随着脱贫攻坚战取得全面胜利，"三农"工作重心将转向全面推进乡村振兴，亟须打造一支优秀的乡村文化和旅游人才队伍，为相关工作提供强大的支持。发展乡村文化和旅游除了需要经营规划类人才，还需要农业、建筑、艺术、手工、民俗文化等各个行业的当地传承人与创新者。

（3）乡风文明建设人才

先进文化传播人才。在乡村文化建设工作中，职业的传媒人、党政组织与人民团体成员、农民工、农村大学生、农村各类工作人员都有可能不同程度地传播乡村先进文化。乡村振兴，先要文化振兴，用文化带动思想，用文化带动经济，文化振兴在乡村振兴的发展道路上起铺垫作用。由于缺乏专业老师的指导，乡村文化表现形式单一，缺乏创新性与趣味性。因此，要提升公共文化服务人员的整体素质，建立起一支高素质的文化宣传队伍，有质有量地开展各项乡村文化活动。

乡村文化传承人才。乡村振兴战略的深化实施要求发挥好文化的铸魂作用，不断加强乡村文化建设，为乡村振兴注入源源不断的精神动力。由于年轻人大多外出务工，文化传承出现断层，传统技艺出现无人传承的窘境。要注重发掘乡土文化有心人，其需要深植于乡村厚土，明晰乡村文化的传播之道，对农民的喜乐哀愁感同身受，并有着强烈的文化自觉使命感。乡风文明建设，需要培养大批乡村工匠、非遗文化传承人、乡村文艺带头人和民间艺术家，推动乡村优秀传统文化创造性转化、创新性发展，助力乡风文明建设和乡村文化振兴。

（4）社会治理人才

乡村社会治理人才。中共中央办公厅、国务院办公厅印发的《关于加快推进乡村人才振兴的意见》中提及要加快乡村社会治理人才的培养，需要从加强乡镇党政人才队伍建设、推动村党组织带头人队伍整体优化提升、实施"一村一名大学生"培育计划、加强乡村社会工作人才队伍建设、加强乡村经营管理人才队伍建设、加强乡村法律人才队伍建设这六方面共同发力。

新乡贤。"新乡贤"是一支德才兼备的人才队伍，对于乡村人才振兴具有重要的意义。新乡贤是管理乡村公共事务的主导力量，是乡村社会的实际治理者，在乡村治理中起着重要作用。乡、德、勤、能、绩是定义乡贤的基本要素。"乡"，是指地域性；"德"，是指道德品质；"勤"，是指奉献；"能"，是指能力、才能；"绩"，是指贡献、实绩。新乡贤是未来乡村治理的关键人群，他们熟悉乡村情况，有强烈的乡土情结、专业技能并愿意投身于乡村建设；新乡贤的构成主体是多元的，且都具有较好的成为领导型人才的潜质，包括村干部、医生、教师、退休回乡者等。丁希、张劲松认为乡村领导型人才应具备理论和执行政策能力强、懂科技、热爱乡村、具有领导潜质等特质，未来乡村领导型人才包括以新乡贤为核心的本土化精英、以大学生为代表的技术和知识型青年、以返聘人员为代表的社会专家型人才。

2. 未来人才的特点

（1）有乡土情怀，能灵活运用本土知识

扎根于基层的乡村人才是有着浓厚的乡土情怀的，乡村振兴战略的深化实施就要求乡村人才铭记乡愁、了解风土人情、深植乡土，加强与村民之间的互动交流；未来的乡村人才要热爱并理解乡土，提升本地认同感、接纳感与归属感，活化如自然禀赋、人力资源与社会文化等乡村社会的内生资源与本土优势，激发乡村振兴发展的内生动力；乡村人才还要注重掌握本土知识并对其进行批判、传递，加强本土历史与现代生活的沟通对话，增强从事乡村振兴的信心与勇气，为乡村振兴贡献力量。

（2）掌握现代技术，具备创新能力

新一轮科技革命以互联网、大数据、人工智能、云计算、物联网技术为特征，不断冲击着传统农业产业，使其面临着改造升级与新旧动能转化的挑战。同时，推动着农产品加工业、农村服务业与现代农业融合发展，促使农产品物流、文化体验、电子商务、观光旅游、康养休闲以及互联网＋等多种农业新业态的出现。为此，未来的农业人才必须运用现代技术不断充实自身，实现观念、技能与素质的全面协同发展，并发挥好科技创新在农业供给侧结构性改革中的关键引领性作用，为推进农业农村现代化提供坚实的人力资源保障与现代技术支撑。

（3）传统单一型人才转变为新型综合型农业人才

唐丽霞认为随着支农财政资金和各种到村建设类、发展类项目的不断增多，乡村发展越来越依靠外部资源的介入，再加上实行村财乡管、电子化和信息化等政策，村集体经济合作组织以及农民合作社等的发展，乡村治理对于财务管理、项目管理、信息管理等方面的专业型和技术型人才需求愈加强烈，未来人才需求是全方位和多领域的，不仅需要技术型人才，还需要管理型人才、经营型人才和政策型人才。周晓光认为根据新时代"三农"事业发展的需求，乡村振兴人才范围不应局限于传统农业产业,不再是单一的农业人才范畴,而应是多领域、多产业的"大人才"范畴,对人才的素质要求不再停留在传统的农业生产管理水平,至少应该建立一支有文化、懂技术、会管理、善经营、爱农村的实用型专业化人才队伍。

(4)未来乡村人才的社会地位、服务保障水平及薪资待遇将与城市无异

加快人才回流与建设需要不断健全相应的政策以及完善乡村公共服务,并做到以下两点:一是要推动城乡义务教育一体化发展,给予在乡村生活的孩子平等地享受高质量教育的机会;二是完善城乡居民基本养老保险、医疗保险和大病统筹制度,统筹城乡社会救助体系建设、完善最低生活保障制度,让回乡创业就业人才无后顾之忧。王中迪、牛余凤提出要推进乡村公共基础设施有效供给。首先,加强乡村公共基础设施建设的资金投入和政策倾斜,尽快使乡村公共基础设施投资量达到最优水平。其次,政府在有关公共基础设施的供给方面要多进行实地走访,做到供给与现实需求相匹配。再次,政府部门在公共基础设施投资方面要均衡分配,有效利用现有资金,提高对公共基础设施质量和数量的重视度,保证交通、通讯、网络、住房、医疗、卫生、教育、文化等领域都能得到协调发展,解决人才发展的后顾之忧。

(5)人才类型多样,人才来源渠道扩宽

未来的乡村人才是多领域、多产业的领军者。周晓光认为按照产业属性划分,应该包含第一、二、三产业的人才;按照人员类别划分,应该包含农村实用型人才、科技创新型人才、公共服务型人才等;按照行业类别划分,应该包含新型职业农民、新型农村经营主体、乡村工匠、文化能人等。张军燕认为实现农业的发展需要人才支撑,关键是引进一批符合现代农业发展和乡村建设的新型人才。乡村人才队伍建设需要引入五类人才,分别为涉农专业大学生、退役士兵、城市农民工、非农部门退休人员、海归。蒲实、孙文营认为为适应新时代农业发展要求,一是需要加快培育新型农业经营主体,培养一批从事农业生产技术指导与推广的农业科技人才、一批掌握现代农业生产技术的农民技术

骨干、一批具有开拓精神且懂经营会管理的农业经营管理者和一批专业性很强的农村经纪人队伍；二是需要培养一批具有绿色发展理念、掌握绿色生产技能、善于经营绿色农业产业链的绿色农业带头人；三是为实现乡风文明，就需要培养一批乡贤型人才和平民英雄；四是需要政治立场坚定、道德水平高、法治意识强，同时具有一定的威望、管理水平，能适应自治、法治、德治要求的领路人；五是需要培养一批专业实用型人才，包括现代农业、农产品加工、公共服务、公共管理、新兴服务业等领域的技术和管理人才，农业职业经理人、经纪人、乡村工匠、文化能人和非遗传承人。

二、培养新农人，重建乡村关系

（一）培养新农人

1. 新农人的出现

在历史的长河中，在任何时候，人都是生产力中最为积极和活跃的因素。在中国古代的传统农业发展时期，社会生产力水平受到当时的科技发展水平限制，手工劳作、体力劳动是当时社会生产的主要方式，尤其是作为社会基础产业和支柱产业的农业。虽然人们发明了石器铁器等，并逐渐驯化了一些动物为农业生产提供劳役服务，但是，靠天吃饭、精耕细作的农业生产方式还是主要依赖人类本身的劳动力。人口作为主要的农业生产劳动力，是支持经济社会发展的基础条件，一直深受重视，这可从历朝历代的人口政策中看出：在春秋时代，越王勾践为了推行"十年生聚，十年教训"的政策，曾规定"令壮者无取老妇，令老者无取壮妻。女子年十七不嫁，其父母有罪；丈夫二十不取，其父母有罪。"并下令："生丈夫，二壶酒，一犬；生女子，二壶酒，一豚。生三人，公与之母（乳母也），生二人，公与之饩"（《国语·越语上》）。墨子说："丈夫年二十，不敢毋处家，女子年十五，毋敢不事人，此圣王之法也。"（《墨子·节用上》）孔子甚至认为，"地有余而民不足，君子耻之"（《礼记·杂记下》）。鼓励生育的思想在历朝历代的人口政策中均有所体现。汉高帝时曾规定百姓生子可免除徭役两年。唐贞观元年规定男二十女十五未成家者，州县可以干预婚娶。宋代则进一步把户口增减作为各地官员考核的标准。宋徽宗政和六年明确规定，"令佐任内，增收漏户八百户升半年名次，一千五百户免试，三千户减磨勘一年，七千户减二年，一万二千户减三年"。（《文献通考·卷十一》）到了明清时期，政府又用减轻赋税、改革赋税制度的办法来刺激人口的繁衍，明万历九年实行了"一条鞭法"，把以不同方式征收的田赋、徭役及其他杂税合并起来，变秦汉以来一直按人头收税为按田亩折收白银。此后，清康熙五十一年又进一步宣布了"滋生人丁，永不加赋"的政策，明确规定不再随人口增加而增加赋税。到雍正元年，又在全国范围内推行"摊丁入亩"，把税银摊入田亩征收，不再按人头征课。这些措施的推行促进了封建社会人口的繁衍和经济社会的发展。封建社会以农业为基础，农业生产中的粮食生产保证了统治阶级以及整个社会的生存与发展。精耕细作的传统农业要求大量人类劳动力的投入，从而达成为统治阶级与社会服务的目的，故历朝历代的统治阶层都通过出台一系列促进人口增长的政策来保证充足的劳动力资源。

众所周知，当前中国经济社会发展正进入"中高速、优结构、新动力、多重挑战"的"新常态"。这一新常态的主要表现是农村空心化、农民老龄化、农业低利化、农民兼业化等现象日益突出和明显。农村空心化是指大量的农村人口特别是青壮年劳动力人口不断向城镇流动，农村常住人口尤其是青壮年劳动力人口大大减少，农村人口总数下降。农民老龄化是指当前的农业生产活动主要依靠60岁及以上的农村老龄人口，中农办前副主任韩俊表示，农民老龄化是大势所趋，中老年农民日益成为我国农业劳动力的主力军。农业低利化是指投资和经营农业的自然和市场风险较大，农业生产经营活动相对于其它生产经营活动的盈利能力较低。农户兼业化是指职业农民所占农村人口的比例呈现不断下降的态势。根据中国人民大学2015年暑期在吉林、安徽、河北的调研数据，3个省份中职业农民占样本总数的比例仅为14%、16%和12%。保障农业后继有人的问题增多，或者说"谁来种田，无人种田"已经成为我国农业农村发展面临的新常态。"农村空心化、农业边缘化、农民老龄化"这三个农村发展新难题，已经成为摆在政府和社会面前的现实挑战，而培育"职业农民"或者"新型农民"作为一种应对方法，其实早在2005年左右就已被提出，各省市也陆续开展了农民职业化培训的地方性探索，并且经过历年的政策话题聚焦和学术研究活动，如今，培育新型职业农民将会是破解新三农问题的关键，已成为重要的社会共识之一。准确地说，培育和打造新农人队伍，已经成为了乡村振兴工作的重中之重。

新农人得以产生和发展的时代背景是：第一，现代信息技术尤其是互联网技术的广泛应用和快速传播，为新农人这一群体的产生和发展提供了时代性的技术支撑。当前，信息技术发展日新月异，"互联网+"技术快速推进，并且逐步渗透到农业生产经营活动的各个环节之中。以网上购物、冷链保鲜和物流快递宅配为特征的农产品电子商务产业蓬勃发展，直播、拼团等新兴营销渠道不断的出现；以智能传感和远程控制为特征的农业物联网技术迅速兴起，农业的自动化和智能化水平逐步提高。新农人这一群体较早掌握了互联网技术，并经过了不断尝试，逐步应用到农业领域，推进传统农业生产经营模式的改变。其次，在我国经济社会蓬勃发展的新时代，人们的消费观念与消费方式不断地更新迭代，极大地推动了新农人这一职业群体的产生与发展。人们对于基本物质生活的要求已经发生巨大的改变，逐步由吃得饱向吃得好、吃得特、吃得健康和吃得有文化的方向转变，消费者更加注重食品质量与安全，追求个性化、健康化和多样化的消费，更加享受网上购物的方便和快捷。因此，传统的生产方式、产品类型和营销方式都已经不能有效满足人们新的、更高的需要。生态安全健康的农产品、风味独特的地方产品、奇思妙想的创意农产品、便捷友好时尚的购物体验，越来越受到年轻一代消费者的喜爱和追捧，这对农业生产经营组织方式的转变提出了新时代的新要求。新农人以其敏锐的洞察力和快速的执行力，顺应这一历史潮流和发展趋势，以消费变化和趋势为导向，深入分析研究农产品市场，致力于农产品创新和农业服务的创新，发展差异化生产和经营，满足消费者日益多元化的消费需求。第三，社会对生态环境和自然资源的强烈关注和迫切要求，为新农人的产生和发展创造了新的社会环境和社会氛围。当前，中国生态环境和自然资源条件的约束性越来越强。一方面，农业生产活动中不可避免地较多使用化肥、农药、农膜等化学物品与塑胶大棚设施，再加上受到工业污染生活垃圾的影响，农业污染加深，农村环境问题加重；另一方面，快速推进的工业化、城镇化进程促进了农业经营主体的转变、农业生产的转型升级，导致了耕地数量锐减、耕地质量不断下降。在这一系列的背景下，涌现出一批秉持绿色生态理念的新农人，他们秉持着生态、生产与生活自然融合的理念，纷纷下乡践行着保护生态环境、发展生态农业的理想和追求，努力成为生态环境保护的开拓者、实践者与生态教育的示范者。第四，城市一体化进程加快，为新农人的产生与发展创造有利的政策环境。随着城镇化的快速发展，农村资源生产要素长期处于净流出状态，农村空心化、农民老龄化和农户兼业化日益加剧，农村衰落、凋敝、自然消失的现象在近些年来逐步显现。我国通过深化城乡一体化发展战略、逐步加大强农惠农富农的政策力度、培育新型农业经营主体、引导土地适度规模经营、鼓励大学生与农民工返乡就业、引导乡贤返乡等一系列政策，促使社会性资源要素向农业与农村聚拢。较多的高素质群体在政策的激励下，投身于农业农村发展，致力于提高农业生产经营水平，改变农村地区贫困落后的面貌。

根据相关文献，新农人是在新型职业农民的基础上发展演变而来的，狭义的新农人仅仅是指以互联网为平台、专注于服务农业生产和流通的人。这一新农人群体区别于传统农民的生产和经营方式，他们是以全新的现代经营理念参与农村第一、二、三产业全产业链的自然人。新互联网经济时代催生了新农人群体，出现了"互联网+农业""互联网+农村""互联网+农民"的模式，出现了农产品电子商务化、淘宝村奇迹以及网上消费热潮等现象。可以说，正是由于互联网技术的支撑，才有了新农人这一群体的出现，才有了新农人群体发展的可能性。新农人从事生产、宣传、销售或形成同一职业群体的过程都是构建自我认同体系的过程，在这过程中离不开互联网的发展。阿里研究院于2015年发布了《中国新农人研究报告（2014）》，报告指出我国仅狭义的新农人就已经突破了100万人，而在2017年，据阿里研究院报告，狭义的新农人已接近200万人，再加上其他网络平台比如微博、微信或者其他电商平台的新农人，数量多达2000万人。从更广的含义来看，农业龙头企业、农业大户、农业专业户、农业专业合作社、各种农业联合体等正在成为我国农业生产和经营的新型主体，这些主体中的工作者，已经完全不是传统意义上的农民。他们更具新农人的特质，是未来乡村振兴的中坚力量。同时，新农人还包括在村里工作和生活的科技特派员、村第一书记、大学生村官、驻村工作队队员、乡村生活体验者以及热爱家乡或者退休返乡的新乡贤等等。

因此，与传统的乡村发展人才相比，现在乡村振兴的人才虽然面临青壮劳动力外出的现实问题，但现在乡村管理人才和经营人才的数量、能力和水平却是前所未有的，比如现代农业产业科技技术体系队伍、科技特派员、科技"大篷车"、农业"专家小院"、科技使团、驻村定点帮扶队队员、上级直派驻村第一书记等，再加上国家对乡村振兴前所未有的重视，乡村人才队伍将进一步扩充，乡村的人才振兴将是必然的和可以期待的。

2. 新农人的培养

一般认为，新农人的特点有：一是从市场价值和自我实现价值出发进行职业选择，前者是为了盈利和发展，后者体现个人对农业和农村生活的热爱；二是掌握先进的农业生产技术和经营管理方法，用新技术种地，用新方法经营农产品和治理农村；三是职业具有开放性和变化性，甚至是"半农半X"的职业模式，没有一辈子一成不变的传统农民，而是人生不同时期职业的自由转换；四是超越了传统农民的身份与职业边界，其身份已经不能再用"农民""新型农民""职业农民"来描述，而必须用"农业从业者""农业农村热爱者""新农人"来重新定义，职业的内容也不再是面朝黄土背朝天地种地，而是科学种地、按需生产、品牌打造、市场营销、环境建设和文化传承。所以，新农人的培育和成长所需要的也就不简单是农业技术的培训，而必须有新的思路。具体建议如下：

（1）改变农业无利或微利的局面，提高农业对青年劳动者的吸引力

资本是否愿意下乡、青年农民是否愿意留在农村、农业农村是否能够振兴，并不取决于我们宣传的好坏，也不取决于我们政策鼓励的强弱，而是在很大程度上取决于待在农村发展农业是否有利可图、农业生产经营活动是否能够获得社会平均利润、从事农业活动是否可以维持家庭的生计。这些问题解决了，乡村发展会后继有人。

（2）调整政策，使不同类型的农业生产经营模式均能够得到发展

作为一个人口众多、土地辽阔的国家，中国的农业现代化进程，不是某一单一模式就可以支撑的。时至今日，农业生产经营活动已经不只是农民的专属，不同生产经营主体都会进入农村从事农业活动，尤其随着农村一二三产业的融合发展，随着农业新业态的出现，农业的生产经营模式已经日趋多样化，如农旅融合、私人订制等，迫切需要相应的政策调整，为不同农业生产经营模式提供平台。

（3）实施政策优惠，给不同新农人"试错"的机会

农业是暴露在自然界的高风险产业，许多新农人进入农业农村前还是农业知识的"小白"，但他们带着新的品种、新的技术、新的方法和新的理念进入农业农村，其生产经营的目标与传统的农民相比更加多元，比如为了盈利、为了生活、为了理想、为了社会责任、为了个人兴趣。为此，政府应该为他们承担部分试错的成本，比如提供一定数量的财政补助、提供一定时期的无息贷款、提供一定数量的创业基金补贴等。

（4）发展智慧农业，改善农业生产经营条件

传统农业时代和农民面朝黄土背朝天的日子已经一去不复返了，新农人呼

唤并开启了智慧农业时代,如智慧育种、智慧生产决策、智慧产品追溯,农业的自然风险逐步降低,农业的科技水平大大提升,农民的劳动强度大大减轻,农业的生产效益大大提高,农民正在从工作方式和工作环境方面获得前所未有的体面和尊严。

(5) 绿化美化乡村,提高乡村环境和生活对劳动者的吸引力

乡村脏乱差、乡村凋敝是我国乡村"曾经的模样",乡村振兴中关于生态宜居家园的建设,就是要绿化美化乡村,让乡村具有城市无可比拟的优点,让乡村生活成为一部分人的终身追求、成为大部分人的心灵驿站。新农人就会成为新生活的践行者,乡村就会变成新的时髦,返乡就会成为一部分人的"落叶归根"。

(6) 打破职业限制,使劳动者终身具有职业转换的机会

在户籍、土地、居住、就学、就医等方面,要开通各种"直通车",为劳动者在任何时期进入或退出农业农村提供便利,比如城乡统一的社保医保待遇、可以连续累计的工龄计算方式等,使劳动者在一生当中可以进行自由的职业转换,而且一个人一生多次的职业转换并不会影响其老有所养的结果。

(二) 重建新时代的乡村关系

基于当前乡村的发展态势与农业农村现代化的发展目标,基于农业发展的新业态和新主体,我们需要重建具有中国特色的以下乡村关系。

1. 重建我国乡村振兴与新型城镇化的关系

纵观我国的城乡关系,城乡发展不平衡是常态,主要原因是城乡二元结构的长期存在,这一结构的形成有着特定的历史背景,不可否认的是,它助推了我国经济的长期高速增长。统计数据显示,1979—2018年我国国内生产总值的年均增速约为9.4%,远高于同期世界经济2.9%的增速。截至2020年底,我国经济总量已达101.6万亿元,成为世界第二大经济体,对世界经济增长的贡献

率多年保持在30%左右,居全球之首。这些成就的取得离不开近些年我国工业化、城镇化的快速发展。据统计,1978年我国城镇化率仅为17.9%,而到2019年已达到60.6%,年均增速超过1%。世界银行曾经宣称:影响21世纪世界发展趋势的两大重要事件之一就是中国的城镇化。

当然,一方面,我国城镇化发展的质量还有待提升。截至目前,我国户籍人口城镇化率只有47%,与常住人口城镇化率相差18%。这就意味着过去40多年里,我们虽然成功将数亿农业人口从乡村转移到各大中小城市,但只实现了职业的转换,身份的转换却相对滞后。农村人在城镇买房、落户困难,更无法享受与城镇居民同等的公共服务和权利,他们的贡献率与回报率不成正比,甚至基本权益遭到侵犯的现象也时有发生。同时,相对粗放的城镇化发展模式,带来了诸如"大城市病""农村病"等问题。所以,新型城镇化应运而生,它强调的"新"就是要求坚持系统原则,突出人的核心地位,提升城镇化发展的质量。另一方面,从乡村的发展趋势来看,乡村居民人均可支配收入从1978年的134元增加到2021年的8931元,尽管实现了较大的飞跃,但与城镇居民的差距还比较大。2021年底,我国城镇居民人均可支配收入已达7412元。一些地方的农村不同程度地存在着农业边缘化、农民老龄化、农村空心化等现象,更凸显了我国城乡发展不平衡和乡村发展不充分的问题。

近年来在中央农村工作会议以及中央一号文件中,党中央一再强调,无论脱贫攻坚,还是乡村振兴,必须要有全局观念、大局意识,尤其要"重塑城乡关系,走城乡融合发展之路"。马克思、恩格斯关于城乡关系的论述也指出,城乡差别、城乡对立只是城乡关系发展到一定历史阶段的产物,随着生产力的进一步发展,城乡差别会缩小,而且必将走上相互融合发展之路。从现实层面来看,中国也逐步由以土为生、以农为本、以村而治的"乡土中国"向城乡互动的"城乡中国"变迁。

所以,新发展阶段要开拓新发展格局,必须破除城乡二元结构,重塑城乡关系。党的十九大报告指出,要"建立健全城乡融合发展体制机制和政策体系"。

2019年4月，党中央、国务院专门印发了《关于建立健全城乡融合发展体制机制和政策体系的意见》。2021年中央一号文件《中共中央 国务院关于全面推进乡村振兴加快农业农村现代化的意见》再一次强调要"破除城乡分割的体制弊端，加快打通城乡要素平等交换、双向流动的制度性通道"，尽快形成"工农互促、城乡互补、协调发展、共同繁荣"的适应新发展阶段的新型工农城乡关系。因此，坚持系统观念，全面推进乡村振兴，首先要统筹好乡村振兴和新型城镇化的关系。我们必须明确，新型城镇化与全面推进乡村振兴不是矛盾对立的，而是互促互进、共生共荣的一个命运共同体。可以说，没有乡村的全面振兴，就没有城镇化的高质量发展；没有新型城镇化的带动，也很难实现乡村的全面振兴。因此，全面推进乡村振兴，并不是仅仅追求城镇化的进程，而是更注重于提升城镇化发展的质量，以实现城乡一体化发展的目标。乡村振兴也不能就乡村来谈振兴，必须处理好自变量和因变量的关系。要坚持系统原则，既要增强内生动力，也要强化外部助推力。乡村要振兴，必须要把富余劳动力从土地的束缚中解放出来，才能推进农业的规模化、机械化、产业化、市场化进程，从而实现农业的现代化。但是，解放出来的劳动力如何安置呢？新型城镇化恰恰具备这种凝聚力和吸引力，能够解决农村剩余劳动力的就业与收入问题，还能让农民共享城镇化的发展成果。同时，随着新型城镇化的推进，城镇居民不断增多，对优质农产品和乡村优美生态环境的需求也会不断增加，这也为乡村振兴提供了良好的市场机遇。

2. 重建产业振兴与国家粮食安全的关系

谈到乡村振兴，首先让人想到的是如何激活乡村的经济价值，即怎么推动产业振兴，这也是实现从脱贫攻坚到乡村全面振兴的根本之策。2019年习近平总书记在全国两会上强调，乡村振兴主要包括五个方面的振兴，即产业振兴、人才振兴、文化振兴、生态振兴和组织振兴。"产业振兴"被放在了第一位，足见其重要意义。且四十多年农村改革的实践也证明了：只有产业振兴了，才能增强乡村的吸引力和凝聚力，才能留住人才，吸引资本向乡村集聚，才能为乡村全面振兴提供坚实的基础。因此，党的十九大报告针对当前我国乡村产业发展中存在的主要问题，提出要深化农村一二三产业的融合，增强农业农村发展的新动能，进而构建起适应新时代要求的现代农业产业体系、生产体系和经营体系，这也是实现农业农村现代化的关键所在，更是促进乡村产业兴旺的必然要求。

然而，从现实层面来看，一些地方在培育新动能方面片面地追求经济效益，忽视了社会效益和生态效益。农家乐、乡村旅游、休闲农庄、康养基地等新业态不断涌现，固然很好。但盲目复制、一味"跟风"，对全社会需要的主要农产品的种植和供给不重视等问题，必然会带来隐患和危机，不利于产业的高质量发展。因此，需要重申一个前提，推进乡村产业振兴必须建立在确保国家粮食安全的基础之上。2021年中央一号文件《中共中央 国务院关于全面推进乡村振兴加快农业农村现代化的意见》又一次指出，当前我国面对国内外复杂多变的风险与挑战，必须稳住农业的基本盘，固本强基，尤其要保障粮食及重要农产品的供给能力。正所谓"手中有粮，心中不慌"。2015年至今，我国粮食年产量一直稳定在1.3万亿斤以上。但不容忽视的是，近些年种粮比较收益还在持续走低，再加上外出打工收益不断攀升，农民种粮的意愿在减弱，使得粮食总产量出现减产的风险依然存在。国家统计局的数据显示，2019年我国粮食种植面积约为1.16亿公顷，相比上一年减少了近100万公顷。2019年我国粮食总产量虽然也达到了6.6亿吨，但当年累计进口的粮食也有1.06亿吨，约占到当年粮食总产量的六分之一。

2020年，一场突如其来的新冠肺炎疫情在全球范围内大肆蔓延，粮食和主要农产品进口趋紧，进一步倒逼我们必须高度重视粮食安全这个问题。实际上，自党的十八大以来，习近平总书记一直非常关注国家粮食安全。早在2016年5月，他在黑龙江调研时就指出，粮食安全是我国国家安全的重要基础。2018年9月，再一次来到黑龙江时，他强调，中国人的饭碗任何时候都要端在自己的手中,并且要装着自己种的粮食。那么,要怎样才能保障国家粮食安全呢?早在2013年12月中央农村工作会议上,习近平总书记就指出,保障国家粮食安全的根本在耕地。只有保障基本农田都种粮,才能确保粮食安全。当前农民有非农化、市民化的趋势,这是好事,但如果耕地也"非农化"了,我们的吃饭问题就难于解决,这可是大问题。所以,党的十九大报告明确指出,要划定"永久基本农田"的控制线,不可逾越,要"严格保护耕地"。2021年中央一号文件《中共中央 国务院关于全面推进乡村振兴加快农业农村现代化的意见》也强调,必须"坚决守住18亿亩耕地红线",而且要"采取'长牙齿'的措施,落实最严格的耕地保护制度",只有这样才能"坚决遏制耕地'非农化'、防止'非粮化'",确保国家粮食安全。可见,全面推进乡村振兴,必须要在确保国家粮食安全的基础上去推动产业振兴,才能实现乡村的全面、高质量振兴和发展。

3. 重建农业现代化与农村现代化的关系

2021年中央一号文件《中共中央 国务院关于全面推进乡村振兴加快农业农村现代化的意见》首次提出,要对农业现代化和农村现代化进行"一体设计、一并推进",释放出的政策信号就是全面推进乡村振兴要做好战略性布局,不仅要加快农业现代化的步伐,还要推进城乡融合发展,实现农村现代化的目标,让改革发展成果惠及广大农村农民。因此,基于战略性目标的考虑,当前亟需统筹好农业现代化与农村现代化的关系。

农业现代化、农村现代化,是我国现代化理论在农业、农村领域的延伸、推广与应用。用马克思主义政治经济学基本原理来分析,农业现代化强调的是农业生产力的问题,即要用现代工业来装备农业,用现代信息技术改造农业,用新型职业农民发展农业,用现代管理方法管理农业,进而创造一个高产、优质、高效、低耗的农业生产体系。而农村现代化更多关注的是农村的生产关系问题。正如习近平总书记所概括的,它既包括"物"的现代化,也涵盖了"人"的现代化,还体现在乡村治理体系和治理能力的现代化。

在明确农业现代化与农村现代化内涵的基础上，还需要"统筹兼顾、综合平衡，突出重点、带动全局"。"三农"问题的根本在农业，农业的出路在现代化。因此，全面推进乡村振兴，重心和关键应放在农业现代化上面。只有推动了农业现代化，农村才有了坚实的经济基础，才能支撑农村现代化。中国共产党自成立以来，就一直为解决好我们这个人口大国的吃饭问题，集中精力推进农业现代化，且取得了举世公认的成效。截至2020年底，我国农业的科技贡献率已超过60%，良种覆盖率达到97%，主要农作物机械化率更是超过了70%。农业综合生产能力显著增强，粮食产量十七年"连丰"，也助推了我国脱贫攻坚取得全面胜利并全面建成了小康社会，创下了人类减贫史上的巨大奇迹。

但正如习近平总书记所指出的，"不愁吃、不愁穿"的问题基本解决了，但义务教育、住房安全、基本医疗想要实现"有保障"，还有不少欠账，需要补短板、强弱项。这也凸显了农村在基础设施、公共服务、社会治理等方面与城市的较大差距。因此，从党的十九大开始，党中央就采用了"农业农村现代化"这一新提法，目的就是把"农村现代化"问题提上议事日程。在2018年中央一号文件《中共中央 国务院关于实施乡村振兴战略的意见》中，再一次把"加快推进农业农村现代化"作为实施乡村振兴战略的重要指导思想。党的十九届五中全会不仅重申要"加快农业农村现代化"，还首次提出要"实施乡村建设行动"，作为推进农村现代化的重要举措。2021年中央一号文件《中共中央 国务院关于全面推进乡村振兴加快农业农村现代化的意见》又鲜明地提出，对农业现代化和农村现代化必须进行"一体设计、一并推进"，这是指导新发展阶段"三农"工作的重要战略思想。文件还专门就"大力实施乡村建设行动"作出具体的部署，足见党和政府对推动"农村现代化"的高度重视。

推进农村现代化的当务之急体现在农村基础设施建设，诸如农村道路、安全供水、通信设施等，农村与城市之间还存在较大差距。截至2018年底，全国仍有约30%的行政村村内道路没有实现硬化，还有超过80%的农村生活污水无法实现集中处理，生活垃圾做到集中收集处理的农村比重也只有 70% 左右，还有不少村庄没有连上 4G 网络。因此，全面推进乡村振兴，首先要填补上"基础设施"这个短板。2021 年中央一号文件《中共中央 国务院关于全面推进乡村振兴加快农业农村现代化的意见》强调，要"继续把公共基础设施建设的重点放在农村"。唯有如此，才能增强乡村的吸引力和凝聚力，才能为产业项目引入并落地营造良好的投资环境，才能为农业现代化奠定坚实基础。尤其是对农村道路设施建设要加大投入，要全面推进"最后一公里"建设，尽可能让建制村全部实现村内道路硬化，还要努力向自然村延伸。同时，要不断推进水利基础设施和网络设施的建设，充分利用和保护好水资源，加快新一轮农村电网的升级改造，让移动宽带进入千家万户。在此基础上，不断提高农村教育、医疗卫生、社会保障、养老、文化体育等公共服务水平，推进乡村治理体系和治理能力的现代化。只有这样，才能为人口、产业、资本在乡村集聚营造良好的氛围和环境，为"人"的现代化奠定基础，从而实现系统、完整意义上的"农村现代化"。

4. 重建现代农业与小农户的关系

所谓现代农业，实际上是相对传统农业而言的。过去人们对农业的认识比较片面、狭隘，只将农业的功能简单定位为提供农副产品，以解决人们吃饭、吃菜、吃肉等问题。但是，随着时代的发展和演进，农业的多功能性逐渐被发掘，人们逐渐认识到，农业除了具有生产功能、经济功能以外，还具有解决农村富余劳动力就业的社会功能、传承我国农耕文明的文化功能、发展休闲养老的游憩功能、提供良好人居环境的生态功能以及慰藉人们心灵的慰藉乡愁功能等等。因此，发展现代农业，重点是发掘农业的多功能性，并推进农村一二三产业的融合发展。

"产业融合"是个外来概念，农村一二三产业融合发展实际上反映的是三种产业之间的一种乘积效应，是产业发展规律的必然要求。我国首次从国家层面提出"农村一二三产业融合发展"的政策理念,是在2015年中央一号文件《中共中央 国务院关于加快改革创新力度加快农业现代化的若干意见》中。2016年,国务院办公厅专门出台了《关于推进农村一二三产业融合发展的指导意见》,强调"推进农村一二三产业融合发展,是拓宽农民增收渠道,构建现代农业产业体系的重要举措,是加快转变农业发展方式,探索中国特色农业现代化道路的必然要求"。党的十九大报告再一次明确指出,要坚持促进"农村一二三产业融合发展";2021年中央一号文件围绕"构建现代乡村产业体系",也重申"打造农业全产业链",凸显了"农村一二三产业融合发展"的迫切性。

理解"农村一二三产业融合发展",实际上还是要坚持以农业为根本,再通过城乡体制机制的创新、技术的变革、经营方式的转换、产业的联动融合等方式,进一步拓宽传统"衣食农业"的发展领域,从而催生出新的产业、新的业态,诸如休闲观光农业、共享农庄、农耕体验生活、农村健康养老基地等。通过延伸产业链条,带动更多的农业增值环节和实现更多的农民就业,最终实现全产业链的提升和发展。

经过实践的探索和运用,目前农村一二三产业融合发展的模式已经有很多,诸如农业内部的产业重组型融合所呈现的"鱼菜共生""稻鸭共育"等模式,还有农业产业链延伸型融合所形成的农产品精深加工业,以及农业与其他产业交叉型融合所形成的新产业、新业态,包括休闲农业、乡村旅游、共享农庄、康养基地、互联网＋农业等。张红军、李乾等多位学者曾进行实地调研后发现,目前我国农村一二三产业融合的主要方式还是农产品加工业和乡村旅游。尤其是乡村旅游和休闲农业作为新业态的重要形式,正在成为乡村经济发展的重要引擎。据统计,2019年全国乡村旅游、休闲农业接待人次已超过30亿人次,总收入更是达到了1.8万亿元,可以说整个产业呈现出"井喷式"发展态势。但需要认清的是,现在的乡村旅游、休闲农业也不再是吃农家饭、住农家院、采摘点瓜果,然后拍照发朋友圈这些简单的休闲活动所能满足需求了,现代人更希望融合拓展式、深度体验式的生活方式。因此,整合人才、资本、技术、文化、创意等新动能所形成的田园综合体、特色旅游小镇，将构建日趋完善的产业链条，将实现农村一二三产业的融合发展。

同时，发展现代农业不可忽略"小农户"这一群体。根据第三次农业普查得到的数据：我国小农户规模约占到整个农业经营主体的98%以上，小农户经营的耕地面积占总面积的70%。可以说，小农户仍是我国农业生产经营的重要主体。当然，小农户生产经营方式在我国长期存在也有其合理性：一方面，小农户生产较为灵活，可以根据时节进行调整，也可以根据农忙农闲，进行职业的随时切换；另一方面，小农户生产便于精细化、专业化管理，对提高土地产出效率具有重要意义。同时，小农户生产有利于解决农民就业问题，具有社会保障功能，起到政治"稳定器"的作用。但是，随着我国工业化、城市化、农业现代化步伐的不断推进，小农户生产经营方式的弊端也正逐渐显现，如分散经营的小农户与现代农业集约化生产要求的矛盾，土地细碎化与市场优化配置土地资源的客观要求的矛盾，农业比较效益较低与社会对农产品需求数量和质量不断增加的矛盾，等等。因此，一段时期以来，有一种观点认为：小农户、小农经济是乡村振兴、现代农业发展的重要阻力，推动乡村振兴、发展现代农业必须以农业的规模化经营为前提。那么是否意味着要"去小农化"呢？当然不是。发展现代农业，推动乡村振兴，就是为了振兴"小农"，且中国的国情也决定了不可能"去小农化"。习近平总书记说，民族要复兴，乡村必振兴。民族复兴、乡村振兴的基点是要实现全体人民的共同富裕，"小农户"是其中不可缺少的一部分。因此，实现小农户与现代农业的有机衔接是我们当前迫切需要解决的难题。

促进小农户和现代农业有机衔接，重点是要让小农户融入现代农业发展轨道，这也是实现农业农村现代化的重要内容。因此，必须改变传统的家庭式经营理念，引入更多社会资本进入农村、农业，通过农业社会化服务助力小农户，提高小农户的组织化程度，增强市场话语权和抵御自然风险、市场风险的能力。由此，小农户才能够充分融入分工经济，成为积极推动农业现代化的贡献者和参与者，进而共享改革发展的成果。具体而言，一方面要把小农户从"全过程"的生产经营中解放出来，健全农业社会化服务体系，为小农户提供现代物质装备、先进科技、先进管理方式；而小农户则应把有限的资金和精力投入到自身擅长的生产经营环节，真正嵌入现代产业链和产业体系，实现从中受益。同时，要注意完善"合作社＋基地＋农户""公司＋农户"等利益联结机制，保护好小农户利益。另一方面，要给"小农户"的生产经营方式留有一定的生存空间，尤其是根据市场的需求状况，注意发展精品农业、绿色农业、有机农业等，与现代农业、规模农业形成互补，要统筹好培育新型农业经营主体和扶持"小农户"的关系。只有真正关注"小农户"切身利益，才能做到小农户与现代农业发展的有机衔接。

5. 重建产业兴旺与生态宜居的关系

2017年习近平总书记在联合国演讲时指出，我们不能吃着祖宗的饭，却断了子孙的路，采取破坏性的方式搞发展是不可持续的。所以，当前我们必须统筹好产业兴旺与生态宜居的关系。党的十九大报告指出，实施乡村振兴战略的目的和要求是"产业兴旺、生态宜居、乡风文明、治理有效和生活富裕"。之所以在"产业兴旺"之后紧接着就强调"生态宜居"，一是凸显生态文明建设在乡村振兴中的重要地位；二是警惕一些地方只重视"产业兴旺"，而忽略了"生态宜居"，毕竟过去一段时间内，有些地方已经出现过这种"顾此失彼"的问题。

全面推进乡村振兴，一方面，要抓住农村地区的特色资源和优势，以农业为中心，延长产业链条、利益链条，推动农村一二三产业的深度融合，构建起现代乡村产业体系，推进农业现代化，提升农业综合实力和竞争力。另一方面要注意的是，"产业兴旺"着重考虑的是农业的经济效益，要实现农业农村现代化，还要兼顾生态效益和社会效益，尤其是生态资源的保护。改革开放四十多年来，我国工业化、城市化的发展消耗了较多的自然资源，使得生态环境越来越成为稀缺资源。我们要认识到生态环境的重要性，尤其在产业发展中一定要注意处理好经济增长与环境保护的关系。习近平总书记多次强调,"绿水青山就是金山银山",各地方一定要"保持加强生态文明建设的战略定力"。但一段时期以来,为快速发展农村生产力,增加农产品产量,我们大规模开垦荒地,损害了植被;过度使用农药、化肥,造成了土壤的二次破坏。据统计,我国每年农药用量约有180万吨,被农药污染的耕地占到全国耕地面积的十分之一。包括城郊一些农村引入的加工企业、工业项目,存在乱排、乱放的现象,都对农村生态环境造成了破坏。再加之,农村各种生活垃圾、污水还有畜禽养殖的废弃物处理不规范,导致土壤、空气、水源污染严重。农村人居环境整治行动一度成为各地实现全面建成小康社会目标必须完成的"硬任务"。

生态是乡村最宝贵的资本,也是乡村最大的发展优势。乡村产业振兴一定要规避过去粗放的发展模式,切忌为一时的发展而损毁了乡村的传统自然风貌,破坏了村庄的肌理,甚至牺牲其独特、不可再生的乡村价值。所以"生态宜居"要求的提出,实际上也是为乡村产业高质量发展规定了底线和原则。这也是习近平总书记强调的,在新发展阶段,一定要贯彻新发展理念,构建新发展格局,实现高质量、可持续发展。实际上,早在2018年中央一号文件《中共中央 国务院关于实施乡村振兴战略的意见》中就已经明确指出,"严禁工业和城镇污染向农业农村转移";2019年中央一号文件《中共中央 国务院关于坚持农业农村优先发展做好"三农"工作的若干意见》又一次强调,乡村振兴要注意"统筹山水林田湖草系统治理",努力实现"农业农村绿色发展";2022年中央一号文件《中共中央 国务院关于做好2022年全面推进乡村振兴重点工作的意见》围绕"推进农业农村绿色发展"提出,要"深入推进农业投入品减量化",同时要"加强畜禽粪污资源化利用"等。各地在全面推进乡村振兴过程中,一定要以习近平生态文明思想为指导,做好统筹、谋划,既要实现"产业兴旺",也要做到"生态宜居",努力实现"生产、生态、生活"的"三生一体",才是真正意义上的全面振兴。

参考文献

[1] 竺乾威. 从新公共管理到整体性治理 [J]. 中国行政管理, 2008 (10): 52-58.

[2] 朱性哲. 乡村振兴战略下南阳市乡村"引凤还巢"现象的人才发展机制研究 [J]. 科技创新与生产力, 2021 (09): 126-128.

[3] 朱楚芝. 乡村振兴背景下新型青年职业农民返乡创业影响机制和路径优化研究 [J]. 商展经济, 2022 (11): 150-152.

[4] 周悦. 乡村振兴背景下花溪区石板镇农村实用人才培育机制优化研究 [D]. 贵州大学, 2021.

[5] 周晓光. 实施乡村振兴战略的人才瓶颈及对策建议 [J]. 世界农业, 2019 (04): 32-37.

[6] 周维国. 乡村振兴战略背景下广东省乡村旅游人才开发与管理的探讨 [J]. 旅游纵览, 2022 (10): 38-40.

[7] 周杉, 黄遵红, 夏海鹰. 系统论视域下现代乡村教师队伍建设研究 [J]. 中国成人教育, 2022 (04): 73-77.

[8] 周静. 中国传统人才思想对人才强国战略思想的影响研究 [D]. 湖南工业大学, 2014.

[9] 周德禄. 人力资本配置效益研究——以山东省为例 [D]. 山东师范大

学，2012.

[10] 钟荣丙. 乡村振兴背景下农村科技人才培育困境与突破——基于湖南省A市的实证考察 [J]. 科技创业月刊，2021，34（09）：106-111.

[11] 中华人民共和国国务院办公厅. 全国医疗卫生服务体系规划纲要（2015—2020年）[J]. 中国实用乡村医生杂志，2015，22（09）：1-11.

[12] 窦鹏辉. 中国农村青年人力资源发展报告 [M]. 北京：社会科学文献出版社，2006.

[13] 乐君杰. 中国农村劳动市场的经济学分析 [M]. 杭州：浙江大学出版社，2006.

[14] 中共中央办公厅 国务院办公厅印发《关于加快推进乡村人才振兴的意见》[J]. 中华人民共和国国务院公报，2021（07）：22-28.

[15] 来逸晨. 浙江五年内将培育10万名农创客 [N]. 淮北日报，2021-10-08.

[16] 赵越. 城市轨道交通企业人力资源与城市可持续发展研究 [D]. 北京交通大学，2011.

[17] 赵秀玲. 乡村振兴下的人才发展战略构想 [J]. 江汉论坛,2018（04）：10-14.

[18] 张玉磊. 整体性治理理论概述：一种新的公共治理范式 [J]. 中共杭州市委党校学报，2015（05）：54-60.

[19] 张瑜，霍明奎. 乡村振兴背景下农村创业青年信息需求调查研究 [J]. 农业图书情报学报，2022，34（03）：51-60.

[20] 张焱琳. 乡村振兴背景下返乡在乡青年社工人才培养路径研究 [J]. 时代报告，2022（05）：125-127.

[21] 张艳萍. 乡村振兴战略下中国城乡关系的重构 [J]. 农业经济,2018(12)：68-70.

[22] 张明媚. 新型职业农民内涵、特征及其意义 [J]. 农业经济,2016(10)：

66-67.

[23] 张静. 女大学生就业困境的人口学分析 [D]. 山西大学, 2012.

[24] 张海涛. 基于农民行为的农村实用人才开发研究 [D]. 北京林业大学, 2009.

[25] 张宝丹, 戚小云. 乡村振兴背景下青年返乡创业路径研究——以短视频产业为例 [J]. 投资与创业, 2022, 33 (11): 38-40.

[26] 詹姆斯·马奇, 约翰·奥尔森, 允和. 新制度主义详述 [J]. 国外理论动态, 2010 (07): 41-49.

[27] 岳言坤. 人才发展基金助推鲁渝协作乡村振兴 [J]. 山东人力资源和社会保障, 2022 (04): 50.

[28] 袁庆明. 新制度经济学 [M]. 上海: 复旦大学出版社, 2012.

[29] 俞品根. 《挑战诺贝尔奖的经济学大师们》评介 [J]. 经济学动态, 2002 (01): 95-96.

[30] 于金波. 乡村振兴背景下农村科技人才队伍建设的困境与突破 [J]. 人才资源开发, 2022 (11): 17-18.

[31] 于惠. S公司员工激励现状分析及对策研究 [D]. 大连理工大学, 2009.

[32] 应康, 陈志华. 乡村振兴战略背景下农村电商人才培养模式研究 [J]. 营销界, 2019 (34): 224-225.

[33] 易承志. 国家治理体系现代化制度供给的理论基础与实践路径 [J]. 南京师大学报 (社会科学版), 2017 (01): 54-64.

[34] 叶兴庆. 围绕"人"加大乡村振兴的制度性供给 [J]. 农民科技培训, 2019 (01): 22-23.

[35] 叶晓倩. 人才公共服务: 政府职能及其政策选择 [J]. 管理世界, 2010 (08): 171-172.

[36] 叶惠娟, 毛利, 李鑫. 完善江苏省人才培养创新机制, 实现乡土人才的"破土"成长 [J]. 当代旅游, 2019 (07): 248-249.

[37] 姚作为，王国庆. 制度供给理论述评——经典理论演变与国内研究进展 [J]. 财经理论与实践，2005（01）：3-8.

[38] 姚鹏，胡斯涵. 农村人才培养制度研究 [J]. 农业经济，2018（05）：70-71.

[39] 杨万义. 论人力资本的生成途径及其运营机制的构建 [J]. 现代财经——天津财经学院学报，2002（04）：45-50.

[40] 杨婷. 国外农村人力资源开发与培训经验对我国的启示 [J]. 现代商贸工业，2011，23（08）：133-134.

[41] 杨琴，吴兆明. 国外职业农民职业教育对我国新型职业农民培育的借鉴与启示 [J]. 成人教育，2020，40（06）：76-81.

[42] 杨柳，杨帆，蒙生儒. 美国新型职业农民培育经验与启示 [J]. 农业经济问题，2019（06）：137-144.

[43] 杨丽宏，李波，张宇. 构建适应乡村振兴战略的应用型人才培育长效机制 [J]. 云南开放大学学报，2022，24（02）：41-46.

[44] 杨建利，阎丽娜，谢丹. 我国乡村振兴的制度性供给研究 [J]. 中国农业资源与区划，2020，41（09）：9-18.

[45] 杨洪涛，强娇娇. 乡村振兴战略背景下四川民族地区农村人才回流路径研究 [J]. 农村实用技术，2022（05）：49-51.

[46] 杨翠. 制度供给影响因素下我国地方政府合作的现实困境 [J]. 内蒙古大学学报（哲学社会科学版），2020，52（05）：50-56.

[47] 闫何清. 人力资本理论与我国人力资本配置问题研究 [D]. 山东大学，2007.

[48] 许竹青，刘冬梅. 发达国家怎样培养职业农民 [J]. 农村经营管理，2013（10）：19-20.

[49] 许新三. 邓小平舒尔茨人力资本思想的比较研究 [J]. 浙江学刊，2001（03）：58-62.

[50] 徐西月. 新乡贤参与乡村治理的困境及对策研究 [D]. 河北农业大学，2021.

[51] 徐涛. 贵阳中小型房地产企业智力密集型部门人力资本要素模型研究——以 8 家企业为例 [D]. 贵州大学，2009.

[52] 徐姗姗. 乡村振兴战略视角下的乡村人才振兴研究 [J]. 农业经济，2021（06）：109-110.

[53] 徐明霞. 乡村振兴的农业科技人才支撑研究 [D]. 长沙理工大学，2020.

[54] 汉源县人民政府. 新型农业经营主体面临的问题和建议 [EB/OL]. https://www.163.com/dy/article/H19QLK8T0512BOIV.html，2022-02-18.

[55] 曾辉. 新时代背景下返乡青年创业路径分析 [J]. 中国集体经济，2020（01）：5-6.

[56] 谢丹阳. 农村人力资源开发促进社会主义新农村建设对策研究——以江西省为例 [D]. 南京农业大学，2008.

[57] 萧鸣政，唐秀锋. 中国人才评价应用大数据的现状与建议 [J]. 中国行政管理，2017（11）：6-11.

[58] 萧鸣政，陈新明. 中国人才评价制度发展 70 年分析 [J]. 行政论坛，2019（04）：22-27.

[59] 向国川，强娇娇. 农村人才回流面临的困境及对策 [J]. 乡村科技，2021（12）：27-28，31.

[60] 长兴县农业农村局 局合作经济处. 乡村治理典型案例——守护绿水青山 助推乡村振兴 [EB/OL]. https://www.sohu.com/a/418023266_99901975，2020-09-11.

[61] 刘轩，于晓琳，唐丁方. 乡村振兴战略背景下返乡农民工创业能力的提升路径及对策——基于动态能力理论的视角 [J]. 成人教育，2020（01）：40-46.

[62] 梁栋，吴存玉. 乡村振兴与青年农民返乡创业的现实基础、内在逻辑及其省思 [J]. 现代经济探讨，2019（05）：125-132.

[63] 徐广磊. 乡村振兴离不开优秀农技人才 [EB/OL]. https：//share.gmw.cn/difang/2021-10/13/content_35229638.htm，2021-10-13.

[64] 林龙飞. 乡村振兴背景下青年返乡创业的内隐逻辑——基于个人意义构建视角的多案例研究 [J]. 中国青年研究，2019（10）：62-68.

[65] 夏宇，赵立军，王士海. 欧盟青年农民支持政策及其启示 [J]. 世界农业，2020（12）：39-47，59.

[66] 习近平. 任何时候都不能忘记农民淡漠农村 [EB/OL]. http：//news.sina.com.cn/c/2015-07-18/192832122353.shtml，2015-07-18.

[67] 王俊程，窦清华，胡红霞. 乡村振兴重点帮扶县乡村人才突出问题及其破解 [J]. 西北民族大学学报（哲学社会科学版），2022（04）：104-112.

[68] 武鑫. 人力资本与制度供给 [J]. 社会科学家，2011（06）：111-114.

[69] 吴巧玲. 从新制度经济学视角来探讨扶贫开发的制度供给逻辑 [J]. 理论研究，2019（06）：46-52.

[70] 吴骏泽. 关于构建全国农业农村人才信息服务平台的路径研究 [J]. 农学学报，2021（11）：104-107.

[71] 吴红蕾. 20世纪中叶美国人力资本理论的产生 [D]. 东北师范大学，2006.

[72] 朱哲平. 我国农村人力资源开发的障碍、成因及其对策研究 [D]. 武汉大学，2004.

[73] 文承辉，魏亚萍，胡越. 新型职业农民培育典型模式研究 [J]. 中国农业教育，2016（06）：35-39.

[74] 魏欣. 外来务工人员在城市中的生活体验 [D]. 首都经济贸易大学，2012.

[75] 陈晨. 为农业插上科技的翅膀（4）[EB/OL]. https：//news.china.com/zw/news/13000776/20220817/43162074_3.html，2022-08-17.

[76] 卫佩行，钟金玉，安可尚. 乡村振兴视域下集聚乡土人才的对策思考 [J].

南方农机，2022（20）：112-114，119.

[77] 王柱国，尹向毅. 乡村振兴人才培育的类型、定位与模式创新——基于农村职业教育的视角 [J]. 中国职业技术教育，2021（06）：57-61，83.

[78] 王院成. 以制度创新推动乡村人才振兴 [J]. 中国人才，2020（05）：52-53.

[79] 王应宽，蒲应燕. 如何推进人才振兴为乡村振兴提供支撑 [J]. 科技导报，2021（23）：36-47.

[80] 王雪娟. 乡村振兴战略背景下农村人才队伍建设研究 [J]. 山西农经，2022（05）：152-154.

[81] 王文强. 以体制机制创新推进乡村人才振兴的几点思考 [J]. 农村经济，2019（10）：22-29.

[82] 王文贵. 非正式制度与经济发展：一个总括性分析 [J]. 江汉论坛，2006（06）：70-73.

[83] 王胜子，韩俊江，白明艳. 农村公共服务：问题及对策 [J]. 税务与经济，2014（03）：70-73.

[84] 王群. 乡村振兴战略下农村人力资源回流的影响因素、效应及对策 [J]. 农家参谋，2022（19）：13-15.

[85] 王敏. 我国农村人力资本投资探析——基于舒尔茨的人力资本理论视角 [J]. 生产力研究，2011（05）：26-28.

[86] 王立会. 基于人力资本视角下的大学生就业问题研究 [D]. 河北经贸大学，2012.

[87] 王红珠. 乡村振兴视域下的"输血"与"造血"——乡村教育与人才振兴路径研究 [J]. 山东行政学院学报，2021（04）：120-128.

[88] 王鹤. 我国国家助学贷款的风险管理研究 [D]. 吉林财经大学，2012.

[89] 王德海，张克云. 我国农村人力资源开发的现状及战略选择 [J]. 农业

经济问题，2001（09）：15-19.

[90] 王春光. 回流农民工：乡村振兴的重要力量 [N]. 中国社会科学报，2022-08-24（011）.

[91] 涂孟梅. 乡村振兴战略下乡村人才队伍建设研究：以四川省 A 县为例 [D]. 西华师范大学，2020.

[92] 童洁，李宏伟，屈锡华. 我国新型职业农民培育的方向与支持体系构建 [J]. 财经问题研究，2015（04）：91-96.

[93] 佟学军. 乡村振兴背景下吉林省农村青年人才供求匹配问题研究 [D]. 吉林大学，2022.

[94] 田书芹，王东强. 乡村人才振兴的模式比较及其延伸——基于整体性治理的多案例研究 [J]. 当代经济管理，2020（08）：66-71.

[95] 田书芹，王东强. 乡村人才振兴的核心驱动模型与政策启示——基于扎根理论的政策文本实证研究 [J]. 江淮论坛，2020（01）：10-17.

[96] 唐语琪，那晴等. 乡村振兴人才队伍建设存在的问题与对策研究 [J]. 农业科研经济管理，2020（02）：41-43.

[97] 唐丽霞. 新型职业农民培育要有新思路 [J]. 人民论坛，2021（09）：74-77.

[98] 唐丽霞. 乡村振兴战略的人才需求及解决之道的实践探索 [J]. 贵州社会科学，2021（01）：161-168.

[99] 汤文华，邓妍. 新时代乡村人才振兴机制研究 [J]. 贺州学院学报，2021（04）：120-126.

[100] 谭骆艳. 青年农民工的人力资本投资模型分析 [D]. 北京交通大学，2006.

[101] 谭金芳，张朝阳，孙育峰等. 乡村振兴战略背景下人才战略的理论内涵和制度构建 [J]. 中国农业教育，2018（06）：17-22，93.

[102] 谭健俊. 新时代乡村振兴背景下乡村青年精英助力乡村治理研究

[D]. 江西财经大学, 2021.

[103] 孙月. 乡村振兴战略视域下新型农业经营主体发展问题研究 [D]. 吉林大学, 2020.

[104] 孙瑜. 乡村振兴战略视野下农村人力资源开发模式探析 [J]. 农业经济, 2021（09）: 74-76.

[105] 孙翔. 乡村振兴背景下农村大学生回流的对策分析 [J]. 农业经济, 2022（09）: 113-115.

[106] 孙少磊, 周雪松, 黄勇. 关于乡村人才培育的思考 [J]. 农业农村部管理干部学院学报, 2019（03）: 12-17.

[107] 孙成军. 马克思主义城乡关系理论与我们党城乡统筹发展的战略选择 [J]. 马克思主义研究, 2006（04）: 113-118.

[108] 苏梅花. 中国农村人力资源开发的现状及对策 [J]. 农业经济, 2013（04）: 55-57.

[109] 宋秋英. 乡村振兴背景下农村青年创业模式和有效路径探索 [J]. 农业经济, 2022（04）: 100-101.

[110] 司红十, 金玉. 乡村振兴背景下河北省乡村旅游产业人才培育模式探究 [J]. 新农业, 2020（23）: 56-58.

[111] 江涛. 舒尔茨人力资本理论的核心思想及其启示 [J]. 扬州大学学报（人文社会科学版）, 2008, 12（06）: 84-87.

[112] 石云峰, 张娜, 朱玉东等. 乡村振兴背景下青年农场主培养的实践与思考 [J]. 现代农业, 2022（01）: 97-98.

[113] 盛洪. 制度经济学在中国的兴起 [J]. 管理世界, 2002（06）: 149-153.

[114] 桑玉成. 论人民美好生活需要之制度供给体系的建构 [J]. 武汉大学学报（哲学社会科学版）, 2018（02）: 16-22.

[115] 阮国男. 人力资本视角下的组织、团队绩效研究 [D]. 复旦大学, 2009.

[116] 戎乘阳. 我国新型职业农民培育模式及其完善策略研究 [D]. 山西大学，2020.

[117] 任民，陈亮. 乡村振兴战略背景下培育复合型文创人才的路径研究 [J]. 教育观察，2021（46）：36-38，68.

[118] 张凤林. 人力资本理论及其应用研究 [M]. 北京：商务印书馆，2006.

[119] 邱茜. 人才下沉科技惠民！65 名科技特派员赋能高州乡村振兴 [EB/OL]. https://new.qq.com/rain/a/20221025A07JZQ00，2022-10-25.

[120] 郁静娴. 去年返乡入乡创业创新人员超千万 [EB/OL]. https://www.gov.cn/xinwen/2021-03/25/content_5595514.htm，2021-03-25.

[121] 邱联鸿. 乡村振兴战略下高质量制度供给问题研究 [J]. 新疆农垦经济，2019（06）：15-20.

[122] 梁栋. 青年农民从事农业的市场与组织困境及其突围——基于西部 L 镇 31 个青年农民的个案研究 [J]. 中国青年研究，2018（03）：97-105.

[123] 李雪萍，吕明月. 青年返乡服务型精英：乡村治理权威结构的新变化 [J]. 湖北民族大学学报（哲学社会科学版）. 2020（01）：24-30.

[124] 齐苗苗. 乡村振兴战略背景下农村科技人才队伍建设研究 [D]. 延安大学，2022.

[125] 蒲实. 实施乡村振兴战略必须处理好四个关系 [N]. 学习时报，2018-10-19（01）.

[126] 蒲实，孙文营. 实施乡村振兴战略背景下乡村人才建设政策研究 [J]. 中国行政管理，2018（11）：90-93.

[127] 彭超. 高素质农民培育政策的演变、效果与完善思路 [J]. 理论探索，2021（01）：22-30.

[128] 逢锦超. 乡村振兴战略下农村科技人才培养路径探析 [J]. 中国农村科技，2022（02）：43-45.

[129] 农业农村部关于印发《全国乡村产业发展规划（2020—2025年）》的通知[J].中华人民共和国农业农村部公报，2020（08）：63-73.

[130] 贺雪峰.农民工返乡创业的逻辑与风险[J].求索，2020（02）：4-10.

[131] 王俊岭.农村网民数量突破2.5亿 农村电商发展成效显著[EB/OL].https：//www.gov.cn/xinwen/2020-05/13/content_5511151.htm，2020-05-13.

[132] 曹明贵，梅士建，蒋国平等.农村人力资源开发与人力资本流动研究[M].北京：经济科学出版社，2006.

[133] 许文兴.农村人力资源开发与管理[M].北京：中国农业出版社，2006.

[134] 倪慧,万宝方,龚春明.新型职业农民培育国际经验及中国实践研究[J].世界农业，2013（03）：134-137.

[135] 马丽娟，雷嘉兴，顾煜等.农村电商人才之困：引不来 留不住 难培养[N].经济参考报，2022-01-10（A04）.

[136] 马春燕.日本农民教育和农民职业化培育对我国解决"三农"问题的启示[J].现代化农业，2020（04）：43-45.

[137] 吕美玲.乡村振兴战略背景下乡村人才队伍建设探究[D].山东师范大学，2022.

[138] 罗哲.让"农把式"评职称为乡村振兴赋能[J].人民论坛,2022（05）：47-49.

[139] 罗禄，叶雨泓.浅析农村电商人才队伍的建设[J].农业工程技术，2021（33）：82-83.

[140] 路建彩，李潘坡，李萌.乡村振兴视域下乡村工匠的价值意蕴与分类培育路径[J].教育与职业，2021（01）：90-95.

[141] 柳一桥.德国农业职业教育对我国新型职业农民培育的启示[J].农业经济，2018（04）：64-66.

[142] 刘志秀. 乡村人才振兴：内生型与嵌入型主体的治理效能 [J]. 云南行政学报, 2021（02）: 68-76.

[143] 刘云香. 培育新型农业经营主体 促进农村集体经济高质量发展 [J]. 农家参谋, 2022（16）: 96-98.

[144] 刘玉侠, 张剑宇. 乡村人才振兴：内涵阐释、困境反思及实现路径 [J]. 重庆理工大学学报（社会科学）, 2021（11）: 104-114.

[145] 刘玉侠, 张剑宇. 回流农民工助推乡村振兴的有效路径研究——基于浙皖赣黔四省的调研 [J]. 江淮论坛, 2021（05）: 41-50.

[146] 刘秀芬. 大力发展职业教育提高劳动者素质是发展经济的关键 [J]. 内蒙古科技与经济, 2007（18）: 97-98.

[147] 刘晓峰. 乡村人才：从概念建构到建设路径 [J]. 人口与社会, 2019（03）: 76-85.

[148] 刘守英, 王一鸽. 从乡土中国到城乡中国：中国转型的乡村变迁视角 [J]. 管理世界, 2018（10）: 128-146, 232.

[149] 刘升勤. 新型城镇化发展的资源统筹与配置机制研究 [D]. 中国海洋大学, 2014.

[150] 刘秋丽. 农村人力资源管理的现状、障碍及其破解 [J]. 农业经济, 2020（09）: 106-108.

[151] 刘清泉, 卢先明. 乡土人才队伍建设的路径选择 [J]. 湖南理工学院学报（自然科学版）, 2021（01）: 66-71.

[152] 刘嫦娥, 谢玮. 乡村振兴战略下人才"回流"存在的问题及对策研究 [J]. 湖南省社会主义学院学报, 2018（05）: 73-76.

[153] 刘爱玲, 薛二勇. 乡村振兴视域下涉农人才培养的体制机制分析 [J]. 教育理论与实践, 2018（33）: 3-5.

[154] 林亦平, 魏艾. "城归"人口在乡村振兴战略中的"补位"探究 [J]. 农业经济问题, 2018（08）: 91-97.

[155] 林江富，李富家. 乡村振兴背景下青年人才返乡就业创业研究——以福建省漳浦县为例 [J]. 就业与保障，2021（18）：90-91.

[156] 廖桂蓉. 中国转型期城镇贫困居民的人力资本投资研究 [D]. 西南财经大学，2007.

[157] 中国都市农业网. 乡村振兴典型案例——辽宁十家子村 引返乡创业 发展农村电商新业态 [EB/OL]. http：//www.dsny360.com/Article/detail/id/2144.html，2021-08-24.

[158] 李卓，张森，李轶星等."乐业"与"安居"：乡村人才振兴的动力机制研究——基于陕西省元村的个案分析 [J]. 中国农业大学学报（社会科学版），2021（06）：56-68.

[159] 林江富，李富家. 乡村振兴背景下青年人才返乡就业创业研究——以福建省漳浦县为例 [J]. 就业与保障，2021（18）：90-91.

[160] 李彦西. 欠发达省区高等教育资源整合机制研究 [D]. 武汉理工大学，2010.

[161] 李炎. 习近平人才观视域下乡村人才培育研究 [D]. 山西师范大学，2020.

[162] 李新仓，尹焕晴. 乡村振兴背景下农科教融合的农村人才培养制度研究 [J]. 农业经济，2020（02）：118-119.

[163] 李文武. 西部地区人力资本开发的制度研究 [D]. 中央民族大学，2005.

[164] 李松龄. 制度供给：理论与实证 [J]. 湖南财经高等专科学校学报，1999（03）：1-8.

[165] 李思琦. 国外乡村人才开发对中国乡村振兴战略实施的启示——以四川省凉山州为例 [J]. 国际公关，2022（12）：94-96.

[166] 李守身，黄永强. 贝克尔人力资本理论及其现实意义 [J]. 江淮论坛，2001（05）：28-35.

[167] 李晴艳. 乡村振兴中人才培育的协同机制研究: 以 S 市乡村振兴学堂为例 [D]. 扬州大学, 2020.

[168] 李培文. 中国现代化进程中农民身份转化面临的困境与出路 [J]. 农业现代化研究, 2001 (05): 257-262.

[169] 李楠. 基于乡村振兴战略下的农村公共管理型人才培育策略研究 [J]. 黑龙江人力资源和社会保障, 2022 (16): 119-121.

[170] 李娜, 李文生. 新时代背景下乡村人才振兴的路径探析 [J]. 山西农经, 2020 (24): 144-146.

[171] 李明伟, 邵冰雪, 李卓. 乡村振兴与农村劳动力回流的逻辑机理研究 [J]. 信阳师范学院学报 (哲学社会科学版), 2022 (03): 48-53.

[172] 李茂平, 褚欣逸. 乡村振兴背景下返乡就业创业青年乡村社会融入研究 [J]. 中共乐山市委党校学报, 2022 (02): 68-72, 82.

[173] 李莉, 张俊. 乡村人才回流: 国内外经验与启示 [J]. 北京农业职业学院学报, 2022 (05): 32-38.

[174] 李娟梅. 基于乡村振兴战略的乡村文化人才培育路径研究 [J]. 哈尔滨职业技术学院学报, 2020 (03): 82-85.

[175] 李景华. 我国农村人力资源现状及对策研究 [J]. 农业经济, 2004 (10): 46-47.

[176] 李芬娟, 易海峰. 乡村振兴战略视域下县域农村电商人才培养路径研究 [J]. 商场现代化, 2021 (23): 45-47.

[177] 李东波, 董义勇, 陈子龙等. 乡村人才队伍建设现状与建议——以石门县为例 [J]. 作物研究, 2018, 32 (S1): 80-82.

[178] 李东. 人口流动与重庆经济增长极的形成和发展研究 [D]. 西南财经大学, 2010.

[179] 李楚欣. 农村电商人才培养路径研究 [J]. 广东蚕业, 2022 (09): 118-120.

[180] 黎梓良. 乡村治理振兴中的碎片化困境与整体性救治策略 [J]. 中共南宁市委党校学报, 2019（04）：30-35.

[181] 来蔓均. 中日家庭农场人才培育比较研究 [D]. 河南农业大学, 2022.

[182] 寇丹. 整体性治理：政府治理的新趋向 [J]. 东北大学学报（社会科学版），2012（03）：230-233.

[183] 晋洪涛. 超大城市乡村振兴模式选择和制度性供给问题 [J]. 科学发展, 2019（10）：41-50.

[184] 江晓翠. 乡村文化振兴的碎片化与整体性治理研究 [D]. 广西大学, 2020.

[185] 贾康, 冯俏彬. 论制度供给的滞后性与能动性 [J]. 财贸经济, 2004（02）：74-79, 97.

[186] 黄一映. 乡村振兴视域下创新农村人才振兴策略研究 [J]. 农村经济与科技, 2020（04）：228-229.

[187] 黄丽萍, 蔡雪雄. 中国现代化进程中农民身份转化问题的探讨 [J]. 中国农垦经济, 2003（01）：52-53.

[188] 黄金霞, 孙慧静, 朱萍等. 乡村振兴战略下合山市产业型人才培育研究 [J]. 乡村科技, 2021（36）：22-24.

[189] 黄河啸, 李宝值, 朱奇彪等. 高素质农民培育的浙江实践：以浙江农艺师学院为例 [J]. 浙江农业学报, 2020（10）：1890-1898.

[190] 黄福全. 中国传统人力资源管理思想精髓探析 [J] 人力资源管理, 2012（01）：91-92.

[191] 邓发粮, 李宸汉. 泸溪："人＋货＋乡"特色乡村农旅电商模式 让老百姓生活更甜 [EB/OL]. https://baijiahao.baidu.com/s?id=16629194467777666628，2020-04-03.

[192] 胡钰, 沙垚. 乡创特派员：破解城乡资源要素双向流动难题的制度探

索 [J]. 江西师范大学学报（哲学社会科学版），2022（01）：101-109.

[193] 胡世淇，江凤香. 呼伦贝尔市乡村人力资源现状及其人才振兴建议 [J]. 乡村科技，2020（29）：14-15.

[194] 胡锦涛. 坚定不移沿着中国特色社会主义道路前进 为全面建成小康社会而奋斗 [N]. 人民日报，2012-11-18（001）.

[195] 胡慧馨. 乡村振兴背景下德州市返乡创业青年基本情况分析及政策建构 [D]. 浙江海洋大学，2022.

[196] 胡德庆. 乡村振兴背景下青年职业价值观引导研究 [D]. 中国青年政治学院，2022.

[197] 侯金豆. 文旅产业与乡村振兴有效耦合的逻辑与策略优化 [J]. 湖北农业科学，2022（13）：252-256.

[198] 洪仁彪，张忠明. 农民职业化的国际经验与启示 [J]. 农业经济问题，2013（05）：88-92，112.

[199] 洪洁. 乡村振兴背景下农村劳动力回流现象——基于推拉理论视角 [J]. 经济研究导刊，2022（24）：41-43.

[200] 贺雪峰. 为谁的农业现代化 [J]. 开放时代，2015（05）：36-48+6.

[201] 何苏芸. 乡村振兴视角下复合型人才培养路径研究 [J]. 广州广播电视大学学报，2022（04）：62-65，71，110.

[202] 何晨曦. 返乡人才创业的关健特征及影响因素研究——以陕西省大荔县官池镇为例 [D]. 华中师范大学，2022.

[203] 杭国荣. 高质量发展视域下的科技人才引进与培养 [J]. 人力资源，2021（24）：120-121.

[204] 虢佳花. 制度环境、路径选择与经济绩效——基于中国农产品流通市场化进程中制度变迁的理论与实证分析 [J]. 当代经济管理，2007（06）：23-27.

[205] 国务院关于印发国家基本公共服务体系"十二五"规划的通知 [J].

中华人民共和国国务院公报，2012（21）：33-75.

[206] 国务院办公厅关于支持农民工等人员返乡创业的意见[J].中华人民共和国农业部公报，2015（07）：4-8.

[207] 国务院办公厅关于推进农村一二三产业融合发展的指导意见[J].中华人民共和国国务院公报，2016（02）：41-45.

[208] 国务院办公厅关于深化医教协同进一步推进医学教育改革与发展的意见[J].中华人民共和国国务院公报，2017（21）：13-17.

[209] 国家统计局.第三次全国农业普查主要数据公报（第五号）[EB/OL].http：//www.stats.gov.cn/sj/tjgb/nypcgb/qgnypcgb/202302/t20230206_1902105.html，2023-02-06.

[210] 郭美荣，李瑾.数字乡村发展的实践与探索——基于北京的调研[J].中国农学通报，2021（8）：159-164.

[211] 官爱兰，全辉.河南农村人力资源现状与开发对策分析[J].安徽农业科学，2009（13）：6173-6175.

[212] 郜亮亮，杜志雄.中国农业农村人才：概念界定、政策变迁和实践探索[J].中国井冈山干部学院学报，2017（01）：115-125.

[213] 高强，刘同山，孔祥智.家庭农场的制度解析：特征、发生机制与效应[J].经济学家，2013（06）：48-56.

[214] 高国盛，闫俊强.促进农业标准化生产经营发展的措施[J].经济研究参考，2010（36）：26-27.

[215] 付则晨.乡村振兴背景下县域农村电商人才培养策略研究[J].新农业，2022（15）：98-99.

[216] 费月.整体性治理：一种新的治理机制[J].中共浙江省委党校学报，2010（01）：67-72.

[217] 费娜，魏红.日本职业农民培育的经验及启示[J].当代职业教育，2018（04）：37-41.

[218] 董玉峰,孙倩,邹力平.乡村振兴战略下农村电商人才培养机制研究[J].北方经贸,2019（12）：146-148.

[219] 董文章,何美丽.我国农村人力资本现状及政策选择[J].农村经济,2002（06）：1-4.

[220] 丁莹.新型农业经营主体金融服务探析——基于专业大户、家庭农场、农民合作社的视角[J].农村金融研究,2014（06）：68-71.

[221] 丁厉,刘汇琳.女性劳动力市场理论研究——明塞尔《劳动供给研究》一书述评[J].兰州商学院学报,2009（05）：117-123.

[222] 邓志辰.乡村振兴战略背景下促进瑞金市农村外出劳动力回流对策研究[D].江西财经大学,2022.

[223] 邓华丽.乡村振兴背景下返乡青年职业生涯规划策略研究[J].教育理论与实践,2022（18）：23-27.

[224] [美]道格拉斯·诺斯.经济史上的结构和变革[M].厉以平.北京：商务印书馆,1992：225.

[225] 代兴梅,孙奇,张艳等.乡村振兴中人才支撑作用研究：价值理路、现实思考和实现路径[J].沈阳农业大学学报（社会科学版）：2022（05）：530-534.

[226] 崔春晓.包容性视域下的新生代农民工返乡创业支持政策效果评价研究[J].中国青年研究.2017（07）：108-113.

[227] 楚建德.转轨期政府在我国收入分配中的作用研究[D].武汉大学,2011.

[228] 程晓明.基于乡村振兴背景下平度市S村乡村人才培养困境及优化策略研究[D].青岛大学,2021.

[229] 程惠.地方政府主导的新型职业农民培育研究——以×市为例[D].延安大学,2022.

[230] 程华.大学生就业竞争力研究[D].湖南大学,2009.

[231] 陈希. 多维度创新与人力资本增长 [J]. 人力资源, 2019 (20): 8-9.

[232] 陈书娴. 法国农业教育对推进我国农民职业化的启示 [J]. 中国农业教育, 2013 (01): 16-18.

[233] 陈佳渝. 乡村振兴背景下荣昌区农村实用人才开发研究 [D]. 重庆师范大学, 2021.

[234] 杨美勤, 唐鸣. 场域复合: 转型期返乡青年农民工幸福观的生成机制 [J]. 青海社会科学. 2017 (03): 103-110.

[235] 柴一梅. 基层农技推广人员培训工作思考 [J]. 基层农技推广, 2020 (04): 1-3.

[236] 曾欢, 朱德全. 新时代民族地区职业教育服务乡村人才振兴的逻辑向度 [J]. 民族教育研究, 2021 (01): 74-81.

[237] 曾凡军, 蒙颖. 乡村生态振兴: 碎片化与整体性治理策略 [J]. 湖北行政学院学报, 2020 (06): 51-57.

[238] 曾凡军, 陈兰芳. 乡村产业何以振兴: 碎片化与整体性治理 [J]. 四川行政学院学报, 2022 (01): 38-47.

[239] 布阿依夏木·阿布都热西提. 克州农牧民科学素质与农业经济发展研究 [D]. 新疆师范大学, 2013.

[240] 毕佳. 城市社区养老服务产业人力资源开发研究——以昆明市为例 [D]. 云南财经大学, 2014.

[241] Tran Minh Tuan, Nguyen Xuan Dung. Developing human resource in research and development: international experiences and implications for Vietnam[J]. Asian Journal of Political Science, 2020 (1): 1-12.

[242] JPovinelli. Role of the university in the development of human resources for the International Drinking Water and Sanitation Decade[J]. Educacion Medica y Salud, 1982 (4): 484-497.

[243] Perri, Diana Leat, Kimberly Seltzer, et al. Towards Holistic

Governance: The New Reform Agenda[M]. New York: Palgrave, 2002.

[244]S. Palmer, D. J. Torgerson. Definitions of efficiency[J]. BMJ, 1999 (7191): 1136.

[245]Staff.International Conference on Nuclear Knowledge Management: Strategies, Information Management and Human Resource Development[J]. Information. Services and Use, 2004 (2): 109-113.

[246]A. Hanafusa, T. Komeda, K. Ito, et al. Italy-Japan international project-based learning for developing human resources using design of welfare equipment as a subject.[J]. 2015 37th Annual International Conference of the IEEE Engineering in Medicine and Biology Society, 2015: 3675-3678.

[247]Brian A. Altman. A review of international cross-cultural mixed messages and their implications for human resource development[J]. New Horizons in Adult Education and Human Resource Development, 2013 (2): 83-94.

[248]Nataliia Bieliaieva. Development of the human resource audit system elements based on international experience[J]. Economics Ecology. Socium, 2019 (4): 28-34.

[249]丁怡婷. 4万余名乡村建设工匠完成培训 [EB/OL]. http://www.chinanews.com.cn/gn/2021/12-02/9620331.shtml, 2021-12-02.

[250]农业农村部办公厅关于做好2020年基层农技推广体系改革与建设任务实施工作的通知 [J]. 中华人民共和国农业农村部公报, 2020 (07): 60-63.

后 记

《乡村振兴与乡村人才建设》是由湖南人民出版社组织，云南农业大学赵鸭桥研究员团队进行编著的，参与撰写者有赵鸭桥、王静、陈蕊、起建凌、曾艳。本书在撰写过程中付长余、苏秋艳、孙维承担了资料收集和整理工作，中国农业大学左停教授和湖南人民出版社黎红霞编辑在书稿修订中提供了宝贵意见，云南省李小云专家工作站（项目编号：202305AF150133）在研究团队实地调研中给予了大量支持，在此深表感谢。

在本书撰写的过程中，我们不仅借鉴了许多专家学者的研究成果和经验，还与许多实践者进行了深入的交流和探讨。希望通过这些努力，为读者提供更全面、更实用的信息，以及一些有益的启示。同时，我们也希望本书能够引发广大读者更多的思考和讨论，关注乡村人才振兴问题，积极参与到乡村振兴的伟大事业中来。

在未来的日子里，我们将继续关注和研究乡村人才振兴的相关问题，以期为乡村振兴战略的实施贡献更多的力量。同时，我们也期待与更多的有识之士共同探讨和研究乡村振兴的更多途径和方法，共同为我国乡村振兴事业的发展作出更大的贡献。让我们携手并进，共同为实现乡村振兴与人才振兴而努力奋斗！

编　者